ITALIA

EDITORIAL EVEREST, S. A.

Madrid • León • Barcelona • Sevilla • Granada • Valencia
Zaragoza • Las Palmas de Gran Canaria • La Coruña
Palma de Mallorca • Alicante • México • Lisboa

COCINAS DEL MUNDO

ITALIA

MIRANDA ALBERTI

Valle de Aosta, Piamonte y Lombardía

Venecia y Emilia-Romaña

Liguria y Toscana

Umbría y Las Marcas

Lacio y Campania

Abruzzos y Molise

Apulia, Calabria y Basilicata

Sicilia y Cerdeña

Valle de Aosta

Trentino-Alto Adige

Friuli-Venecia Giulia

Lombardía

Veneto

Piamonte

Liguria

Emilia-Romaña

Toscana

Las Marcas

Umbría

Abruzzos

Lacio

Molise

Cerdeña

Campania

Apulia

Basilicata

Calabria

Sicilia

CONTENIDOS

FRANKFORD

ITALIA: UNA EXPERIENCIA CULTURAL Y CULINARIA

¿Quién no ha oído hablar de la tierra en la que las culturas clásicas de los romanos y el Renacimiento vieron primero la luz del día?

Esto es Italia, un país de tesoros siempre cambiantes, un país de contrastes que contiene en todo su esplendor desde las magníficas aceitunas maduradas al sol del Mediterráneo hasta los esplendores arquitectónicos de Florencia y Venecia. Sus paisajes van desde los altos y fríos lagos de los Alpes hasta las soleadas playas, de los bosques más frondosos hasta las fértiles llanuras. Sus tierras son museos al aire libre y no es de extrañar que su gente tenga fama de disfrutar de la vida al máximo, ya sea en casa, en el campo, en los pueblos y en las calles de sus pequeñas y grandes ciudades.

Nada mejor para demostrar esto que la variada cocina italiana. Un viaje a lo largo de Italia es una experiencia culinaria única. Hay pocos países que tengan tal variedad de platos deliciosos que ofrecer, ya sea porque las especialidades tradicionales son totalmente variadas y distintas dependiendo de cada región, o en también puede ser porque cada una tiene sus propias variaciones respecto a un mismo plato.

Los platos reflejan el carácter y la cultura local, ya sea rural o urbana, rica o pobre, alpina o costera. En la campiña toscana, por ejemplo, la comida tiende a ser sencilla, sin añadidos decorativos; en las grandes ciudades, por el contrario, la cocina suele ser más elaborada y sofisticada.

Este libro refleja la extraordinaria variedad de la cocina italiana. Tras una introducción al país, sus gentes y las influencias que han ido conformando su cocina, las recetas está ordenadas tal y como aparecerían en un menú, desde los *antipasti* o entremeses, a los *dolci* o postres.

Aparecen platos clásicos famosos y conocidos en todo el mundo junto a las versiones originales auténticas de algunos otros menos conocidos. Hay notas explicativas sobre algunos de los ingredientes más importantes y fotografías del paso a paso para mostrar algunas de las técnicas más complicadas. En muchos casos se recomiendan los vinos más adecuados para complementar platos concretos.

Asimismo, aparece una sección en la que se ofrecen menús completos cuidadosamente pensados para las distintas ocasiones, que sirven para ofrecer a sus familiares e invitados lo mejor del arte culinario italiano.

Finalmente, un útil glosario explica algunos de los términos y de los ingredientes menos conocidos, incluyendo palabras y expresiones utilizadas habitualmente en la cocina italiana.

UN PAÍS RICO Y VARIADO

A través de los siglos la turbulenta historia italiana ha dejado su huella no solamente en la vida cultural y social de la gente, sino también en su comida. La cocina italiana comenzó su andadura con los primeros griegos y etruscos. Más tarde, la expansión de Roma y el comercio del Imperio contribuyeron a fomentar las diversas influencias extranjeras en la cocina romana. Luego, tras la caída del Imperio Romano, invasores sucesivos introdujeron ingredientes siempre nuevos que enriquecieron el menú.

A finales de la Edad Media los barcos de las repúblicas marineras de Venecia y Génova traían especias exóticas y técnicas culinarias de todo el mundo entonces conocido. Más tarde, el arte culinario italiano alcanzó su cima durante el Renacimiento. Los Médicis amaban la buena comida, y sus cocineros creaban para ellos platos exquisitos. Cuando Catalina de Médicis se casó con Enrique II de Francia, la inventiva italiana se extendió a la cocina francesa.

Hasta mediados del siglo XIX Italia estuvo dividida en una multitud de ciudades-estado y regiones políticamente independientes, y hasta la más pequeña de ellas tenía su propia historia, su paisaje único y, por supuesto, su tradicional y característica cocina. A pesar de la unificación de Italia en 1861, la gente aún se sigue identificando fuertemente con su región de origen, viéndose a sí mismos como venecianos, piamonteses, calabreses, romanos o sicilianos antes que como italianos.

Aparte de esta compleja historia, el paisaje italiano y su diversidad agrícola han desempeñado un papel importante en la configuración de las tradiciones culinarias. En el Norte, por ejemplo, donde generalmente hay suficientes pastos para el ganado, en la cocina se utiliza la mantequilla. En el resto de Italia, donde abundan los olivos, la comida se suele preparar con aceite de oliva. Los tomates, traídos del Nuevo Mundo, se llevaron inicialmente al sur de Italia y son especialmente importantes en la cocina del Sur, sobre todo en la preparación de la pizza napolitana, pero pasó mucho tiempo antes de que los *pomodori* llegaran a las regiones alpinas del norte. El fuerte contraste entre el Norte industrializado y el Sur, más pobre y menos desarrollado, se refleja tanto en la forma de vida como en la nutrición. Y como la necesidad es la madre de la invención, las regiones áridas como Calabria son el lugar de origen de especialidades más imaginativas hechas a base de ingredientes sencillos, mientras que la cocina del rico Norte es más opulenta.

Con los años la división Norte-Sur, la independencia regional y las tradiciones históricas, junto con factores como el paisaje y el clima, han contribuido al desarrollo de una cocina incomparablemente rica y variada, una cocina justamente famosa en todo el mundo.

La pequeña isla de San Julio se eleva sobre las aguas del Lago Orta, de sólo 1 kilómetro de ancho. Una antigua basílica y un seminario testimonian la religiosa serenidad de la isla, haciendo de ella un destino popular entre los visitantes de los lagos italianos.

Valle de Aosta, Piamonte y Lombardía

El paisaje del noroeste de Italia está hecho de contrastes. El Valle de Aosta, por ejemplo, se caracteriza por tener varios valles aislados, glaciares de más de 3000 metros sobre el nivel del mar y cumbres como el Mont Blanc, el Cervino, el Monte Rosa y el Gran Paradiso. La zona es rica en ruinas romanas, fortalezas medievales, pintorescos pueblos y famosas estaciones de esquí. El Piamonte (literalmente, «al pie de la montaña») está rodeado por los Alpes, y se abre a las llanuras de Novara y Vercelli hacia el Este. El río italiano más importante, el Po, nace en las montañas y pasa por Turín, la capital piamontesa, hacia Lombardía y los arrozales del valle del Po. Hacia el Norte están los lagos Mayor y Orta. Los ríos y arroyos de montaña proporcionan unas excelentes truchas, y el Sur de la región produce excelentes vinos.

El norte de Lombardía también yace al pie de los Alpes. Al sur de las montañas se encuentran los lagos de Como, Isco, Idro y Varese, zona popular de vacaciones famosa por su flora subtropical y sus idílicos paisajes. Milán, capital de Lombardía, es un centro internacional del comercio, el diseño y la moda. Los milaneses se enorgullecen con razón de su catedral gótica, que domina la principal plaza de la ciudad, del teatro de La Scala (el teatro de la ópera) y de la elegante galería comercial Víctor Manuel II.

Valle de Aosta

La cocina alpina es tan variada e interesante como sus paisajes montañosos. Cada valle tiene su propia tradición y sus especialidades. En el pasado la gente tenía que arreglárselas con la relativamente escasa producción de las montañas. Su alimento base era la polenta, una papilla hecha con harina de maíz o trigo sarraceno y enriquecida con champiñones, queso o carne de caza. La dieta también incluía pan casero, verduras, mantequilla, leche, jamón ahumado y vino. Para los turistas actuales hay recuerdos comestibles, entre los que se encuentran distintos tipos de salchichas y otros productos cárnicos secados al aire, y una selección de quesos famosos como el *fontina* suave, ideal para gratinar o para meter en el horno, el *toma*, de sabor más fuerte, y el *robiola*, en forma de tarta, elaborado con leche de oveja.

Piamonte

Desde el siglo XV al XIX Piamonte estuvo bajo el dominio de la casa francesa de Saboya, y la influencia francesa todavía es evidente en su refinada cocina. Entre los platos locales se incluyen el *Bollito misto*, una mezcla de carnes cocidas, la *Bagna cauda*, una fondue de verduras con salsa de anchoas y ajo, y la caza y aves braseadas en el vino tinto local. El campo tiene sus propias riquezas: en verano los bosques rebosan de fresas salvajes, y en otoño de setas y de la delicia más buscada, la trufa blanca de las colinas que rodean la pequeña ciudad de Alba.

Lombardía

La diversidad de influencias ha dejado a Lombardía sin un estilo de cocina único. En lugar de ello, sus nueve provincias han desarrollado sus propias tradiciones. Pero todas tienen una cosa en común: los platos se cuecen lentamente y se cocinan con mantequilla. Las especialidades típicas incluyen sopas, platos de arroz y raviolis; la polenta se sirve generalmente como guarnición. Milán es el hogar del *ossobuco*, rodajas de jarrete de ternera cocidas a fuego lento y servidas con un arroz al azafrán llamado *risotto alla milanese*.

Entre las ciudades con sus propias especialidades se incluye Cremona, famosa por la fabricación de violines, que produce el *torrone*, unos palitos de almendra y miel, y la *mostarda*, frutas confitadas en jarabe de mostaza. De Varese son los *amaretti*, macarrones hechos de almendras dulces y amargas. Entre los quesos, Lombardía es la patria del picante *gorgonzola*, del cremoso *mascarpone*, del suave *bel paese* y del fuerte *taleggio* de Bérgamo.

Vinos

El Valle de Aosta es una pequeña región productora de vino lleno de carácter. Los viñedos de Piamonte se encuentran al Sur de la región, hacia Monferrato y las colinas de Langhe. Producen buenos tintos, como el Barolo, el Barbaresco, el Barbera, el Dolcetto d'Alba y el Grignolino, y blancos como el Favorita y el Cortese di Gavi. El vino espumoso más conocido de Piamonte es el Asti Spumante.

Las zonas vinícolas más importantes de Lombardía son la Valtellina, patria de tintos clásicos como el Sassella, el Grumello y el Inferno, y el Oltrepò Pavese, que produce rieslings blancos, Pinot Bianco y Cortese y tintos como el Barbera y el Bonarda. También produce vinos buenos la zona oeste del Lago de Garda: el Lugana (blanco), el Chiaretto (rosado) y el Rivera del Garda (tinto y rosado). Una de las bebidas más famosas de Lombardía es un aperitivo, el Campari, creado en Milán, mientras que para terminar una comida un buen toque es el grappa, licor fuerte destilado por todo el Norte de Italia que se elabora con el orujo de uva fermentado.

Un bosque de pináculos y estatuas adornan la enorme catedral de Milán, que tiene capacidad para más de 20000 personas. Comenzada en el siglo XIV y construida a lo largo de 500 años, el edificio es un triunfo de la arquitectura de estilo gótico.

Durante el otoño y el invierno las castañas asadas que se venden en puestos callejeros son un aperitivo milanés habitual.

Venecia

El Nordeste de Italia presume de un paisaje tan espectacular como su historia. En su día constituyó la República de Venecia, y en diferentes períodos algunas partes pertenecieron a Austria y Yugoslavia. La zona, constituida por tres regiones (Trentino-Alto Adigio, Véneto y Friul-Venecia Julia) suele ser mencionada simplemente como «Venecia». Sus señas de identidad son sus ciudades, sus montañas y sus aguas, con las cimas de los Dolomitas y los ríos de curso rápido de los fértiles valles del sur del Tirol y el pausado río Po fluyendo hacia el Adriático. Entre sus magníficas ciudades se encuentra la romántica Verona; la Vicenza de Palladio, Padua, con sus villas bordeando el canal del Brenta, el puerto de Trieste y, por supuesto, la misma Venecia.

La zona alpina de esta región hace frontera con Austria y Suiza, y las influencias del Norte han desempeñado un papel importante en la configuración de su cultura, su carácter y su cocina. En otoño la gente del sur del Tirol y del Trentino celebran el *Törggelen*, una fiesta del vino que incluye muchas castañas calientes y nueces nuevas. Las fiestas de las tierras bajas incluyen el Carnaval de Venecia, que se celebra al comienzo de la Cuaresma y es famoso por los ingeniosos disfraces y máscaras que luce la gente, y la Regata de septiembre en el Gran Canal, no menos espectacular.

Trentino y Friul

La región alpina de Venecia en su día perteneció a Austria, tal y como indica la presencia de la masa cocida y los pasteles en los menús locales. Las especialidades del Trentino incluyen los *gnocchi* de espinacas, los *gnocchi* de patatas y *pasta e fagioli*, un plato de pasta y judías. La polenta se come aquí por todas partes y a todas horas. En la zona que rodea Trieste, la tradición culinaria del Friul muestra una fuerte influencia de Eslovenia.

Una exquisitez local distintiva, el *prosciutto di San Daniele*, un jamón crudo curado, que se prensa entre dos tablones de madera de abeto o de pino para darle su forma tradicional de violín.

Véneto

El arroz del Valle del Po siempre ha sido un ingrediente esencial en la cocina veneciana. Era tan importante que un plato de arroz y guisantes nuevos (*risi e bisi* en el dialecto veneciano) se servía tradicionalmente al Dux, el magistrado supremo de la República Veneciana, en la ceremonia de la fiesta de San Marcos, el santo patrón de la ciudad. El azafrán y otras especias exóticas se introdujeron en la cocina durante los siglos de comercio marítimo de la República con los Balcanes y Oriente.

El mar también tiene una influencia directa en el menú veneciano. Hay un gran surtido de pescado: la *insalata di frutti di mare*, un primer plato popular, es una deliciosa mezcla de calamares, mejillones y otros mariscos; y el *baccalà* (bacalao salado) es una exquisitez típica. Las especialidades de carne incluyen el *fegato alla veneziana*, llamado así por la ciudad, que está hecho con hígado de ternera frito con cebollas, y el *carpaccio*, solomillo de carne de vacuno cruda en adobo, que se dice fue creado en honor del famoso artista veneciano del siglo XV Vittore Carpaccio.

Vino

La mayoría de los vinos del sur del Tirol son tintos. El *Don Giovanni* de Mozart ensalzaba las virtudes del tinto Marzemino del Valle de Lagaria, en el Trentino, pero el Teroldego Rotaliano procedente del Trentino-Alto Adigio es el rey de los vinos de la región. Los vinos del este del lago de Garda, como el Tocai del Garda, son ligeros y fáciles de beber. La tierra caliza de Friul, una de las mejores regiones vinícolas de Italia, produce el Picolit, el Pinot Grigio, el Refosco, el Verduzzo, el Tocai y el Sauvignon friulano, así como un excelente grappa (aguardiente de orujo). Los vinos venecianos más apreciados son los blancos Tocai, Lugana y Prosecco. El Soave, el Bardolino tinto y el Valpolicella se encuentran entre los vinos italianos más famosos.

La ciudad de Malcesine brilla iluminada por el sol contra el fondo del Lago de Garda y las montañas del Trentino. Al abrigo de los Alpes, el lago disfruta de un clima mediterráneo que permite cultivar en sus riberas cítricos, vides y olivos.

Emilia-Romaña

Es una de las zonas más fértiles de Italia gracias a las llanuras aluviales del delta del Po y de las pendientes de los Apeninos. En esta región se encuentra Rávena con sus famosos mosaicos, Ferrara, ciudad de palacios, y Bolonia, la capital culinaria. El campo aquí está cubierto de huertos, huertas y bosques de castaños, y su cocina es igualmente rica. No hay región que acumule más platos de pasta: *lasagna al forno, tagliatelle al ragù, agnolotti, cappelletti, ravioli* y, en Navidad, montañas de *tortellini*. El cerdo es importante en la cocina local. Bolonia produce mortadela, y en la provincia de Parma el delicado jamón de Parma se deja madurar al aire todo un año. El *coppa* de Piacenza es cuello de cerdo, la *pancetta* se usa para derretir y el *zampone*, codillo re-

lleno y servido con lentejas, es un plato navideño tradicional en Módena.

El cabrito, conejo y pollo también se usan, sobre todo en guisos. El pescado del Adriático incluye salmonete, mújol, lenguado, pez espada y calamar. Parma y Reggio son famosas por el *Parmigiano reggiano* o queso parmesano elaborado con leche de vaca, que se hace en piezas redondas de 24 kg y se deja madurar de 2 a 3 años. Módena es famosa por el *aceto balsamico*, un intenso y madurado vinagre balsámico de vino.

Vinos

Los vinos más populares de Emilia-Romaña incluyen los blancos Albana di Romagna, Pinot Bianco y Trebbiano Romagnolo, o los tintos espumosos Lambrusco di Sorbara, Barbera, Sangiovese di Romagna y Gutturnio.

Liguria y Toscana

Junto a la frontera francesa, en la parte superior de la «bota» de Italia, se encuentra Liguria. La región se extiende en forma de curva a lo largo de la orilla del Mar de Liguria, desde la Riviera de Poniente, a lo largo de la bahía de La Spezia y a través de la capital, Génova, hasta la Riviera de Levante. Los pintorescos pueblos de las Cinque Terre cuelgan de los acantilados como nidos de águila, y la vid se apiña en bancales de viñedos. Tierra adentro hay bosques de castaños, pueblos de montaña fortificados, pasajes peligrosos, castillos y almazaras antiguas. Hacia el Sur, en Toscana, está la tercera riviera, Versilia, rodeada por los Alpes Apuanos, donde se encuentran las canteras de mármol de Carrara. Alejándonos de las playas, hacia el Sur, se cultivan verduras y olivos en gran cantidad.

Toscana, el corazón de Italia, podría decirse que es el mayor museo del mundo al aire libre. Florencia, la ciudad de Miguel Ángel y de los Médicis, se asienta en un paisaje de viñedos y cipreses, y en la medieval Siena la alegre y emocionante carrera de caballos llamada *El Palio*, tiene lugar anualmente en una de las plazas más bonitas del mundo, la Piazza del Campo. Por su parte, Pisa es famosa por su torre inclinada, y ciudades como Arezzo, Lucca, San Gimignano y Volterra apenas han cambiado desde la Edad Media.

Sus gentes tienen un carácter diferente según las distintas comarcas. Los habitantes de la costa de Liguria tienen reputación de cosmopolitas por descender de los intrépidos navegantes y comerciantes que viajaron incansablemente durante el medioevo. Como contraste, las gentes del interior de Liguria están consideradas como más reticentes y cautas. Y los de Toscana, gente enérgica y práctica, han heredado el amor a la buena comida de sus ancestros los etruscos.

Liguria

La base de la cocina ligur es el pescado, aceitunas, verduras y especias frescas. El mar es la primera fuente de comida, y proporciona salmonetes, anchoas, sardinas y marisco. El *pesto*, la famosa salsa verde a base de albahaca, piñones, aceite de oliva, ajo y queso *pecorino*, es el acompañamiento clásico para la sopa *minestrone* o la pasta *trenette*. El *sugo di noci*, una cremosa salsa de nueces, se sirve con *rigatoni* o *pansoti*, raviolis triangulares rellenos de hierbas silvestres y requesón. Como plato típico de pasta están los *ravioli al burro*, raviolis con mantequilla de salvia rellenos de espinacas y requesón o, en otra línea, el *cappon magro*, una pirámide de pescado y verduras cocidas.

Las sombrillas ordenadas por colores le dan a esta playa de Liguria un típico buen estilo italiano. La pintoresca Riviera, que abarca playas de arena y acantilados rocosos, es desde hace mucho tiempo una zona turística muy popular.

Toscana

La cocina toscana es saludable y relativamente sencilla, basada en ingredientes de alta calidad, sobre todo especias y verdura. En los bosques de los Alpes apuanos se encuentran castañas, champiñones y caza. También está la deliciosa *lepre in umido*, un guiso de liebre originario de Arezzo. El mote de *mangiafagioli* («comedores de habichuelas») es apropiado para los toscanos, que inventaron los *fagioli all'ucceletto*, habichuelas preparadas con tomates y salvia. Y las judías, como los *cannellini* secos (judías pintas) se añaden a las sopas, los *risotti* y la pasta. En Florencia las judías blancas, frescas o secas, son las acompañantes favoritas de los platos de carne, y el pan sin sal está delicioso con un vaso de Chianti. Como alternativa hay muchas variedades de *focaccia*, un pan aplastado de aceite o mantequilla y sazonado con hierbas u otros aliños y sal gorda. En la costa la influencia del mar es evidente: el mejor *cacciucco*, una sopa espesa de pescado, es de Viareggio y Livorno.

Vinos

Los blancos de Liguria, como el Vermentino, se beben en la zona de Génova. Los blancos de Cinque Terre son populares, pero un vino de postre menos conocido, el Sciacchetrà, merece la pena probarse, y Napoleón estaba impresionado por el tinto Rossese di Doceacqua.

Los blancos más finos son el Galestro y el Vernaccia di San Gimignano. Entre los buenos tintos de la región están los Chianti Classico. La tierra de arcilla del sur de Toscana también produce buenas uvas para los tintos como el Vino Nobile di Montepulciano y el Brunello di Montalcino, uno de los mejores de Italia. El famoso vino de postre Vin Santo está hecho con uvas que previamente se han dejado secar, adquiriendo un sabor más intenso al terminar la estación.

Pendientes suaves, pinos y cipreses diseminados, antiguas granjas aquí y allá, éstas son las imágenes familiares de Toscana, la región más famosa de Italia.

Umbría y Las Marcas

Durante el verano los campos de amapolas en flor producen los deslumbrantes colores característicos de los fértiles paisajes de Umbría.

A lo largo de los Apeninos occidentales, Umbría es una tierra en gran parte verde y fértil. Aún hoy se pueden encontrar intactas las escenas que recuerdan los frescos de Giotto de la iglesia de Asís, del siglo XIII, sobre la vida de San Francisco. Los preciosos valles están bordeados por bosques de robles, y en su suelo yacen escondidas las apreciadas trufas negras. Entre los bosques hay olivares, campos de maíz y plantaciones de tabaco. Aquí y allá hay antiguos castillos y ciudadelas medievales aún conservadas en su estado original. En las tierras altas, a unos 1000 metros de altitud, florecen castañas dulces cuya harina se utiliza para hacer el *castagnaccio,* un bizcocho de castañas.

Por su parte, el principal encanto de Las Marcas, que abarca los Apeninos orientales y la costa adriática, son las preciosas y pintorescas ciudades de Ascoli, Piceno, Loreto y Urbino.

Umbría, por tradición, es tierra de robustos granjeros, que disfrutan de la buena comida y que en su mayoría no viven en el campo mientras que las gentes de Las Marcas, donde la tierra es montañosa y pobre en cultivos, han tenido desde antiguo la reputación de ser hábiles artesanos.

Umbría

Umbría es famosa por sus fiestas religiosas y por ser centro de peregrinajes. La ciudad de Gubbio mantiene dos fiestas medievales: la *Corsa dei Ceri,* una carrera que se realiza con inmensas velas el 15 de mayo y el *Palio della Balestra,* lucha de ballestas que tiene lugar con vestimentas de época durante el último domingo de mayo.

La ciudad medieval de Espoleto, en la ladera de una colina, fue una de las ciudades más importantes de Italia hasta el siglo VIII, y es famosa por el moderno *Festival dei Due Mondi,* un festival de música y teatro que tiene lugar durante el mes de junio o julio. En Bastia se asan cochinillos en un asador durante la *Sagra della Porchetta* en el mes de septiembre. En otoño e invierno Spello celebra las fiestas de la aceituna y de la *Bruschetta*, en las que se sirve pan tostado con aceite de oliva y ajo.

En estos días de fiestas locales cada pueblo o ciudad hace sus propios pasteles. Otra especialidad de la región son los deliciosos chocolates llamados *baci* («besos»), que se producen en la antigua ciudad universitaria y capital de Umbría, Perugia. Más al norte, en la Abadía de Camáldoli, entre densos bosques de castaños, los monjes venden sus licores de hierbas aromáticas.

Aparte de sus dulces la Umbría también es famosa por su cerdo y sus trufas negras, productos cuyas mejores calidades proceden de la zona de Norcia, lugar de nacimiento de San Benedicto, padre del monacato occidental. Los cerdos de Norcia, alimentados con maíz, no sólo se convierten en *porchetta*, cochinillos asados enteros rellenos de hinojo, ajo, romero y hojas de laurel y aliñados con nuez moscada y cilantro, sino que también dan origen otras especialidades, como el *cotechino*, una salsa picante de cerdo, o el *capocollo umbro*, chuletas de cerdo adobadas en vino y secadas al aire.

El cordero, la ternera, las aves alimentadas con nueces, los pichones y el pescado también son populares, así como las preciadas trufas negras, cuya búsqueda abarca de noviembre a marzo, y se lleva a cabo utilizando pequeños cerdos negros.

Las Marcas

Durante mil años el territorio de Las Marcas constituyó una frontera que protegía el flanco nordeste de los Estados Pontificios. Es una región de rica cocina y, al igual que Umbría, es famosa por sus platos de cerdo, desde el cochinillo a exquisiteces como la *coppa marchigiana*, salchichas aliñadas con almendras, piñones y cáscara de naranja, y el *salame di Montefeltro*, con fuerte sabor a pimienta.

La región también es famosa por un plato peculiar de Ascoli Piceno, las *olive farcite*, aceitunas grandes rellenas y fritas. Y a lo largo de la costa adriática, entre Ancona y Termoli, hay gran variedad de platos de pescado, como el *brodetto*, con sus múltiples variantes, aliñado con ajo y hierbas aromáticas.

Vino

El vino más famoso de Umbría es el Orvieto, de la región cercana a la ciudad del mismo nombre, famosa por su catedral. El Colli del Trasimeno Bianco y el tinto granada Rosso proceden de las orillas del lago Trasimeno.

Los vinos de Las Marcas incluyen el Verdicchio blanco (el mejor es el de Iesi), el Bianco Piceno y el Rosso Piceno. Un tinto oscuro de más cuerpo, el Rosso del Cònero, procede de Monte Cònero, mientras que Macerata produce el tinto espumoso Vernaccia di Serrapetrona.

La fachada de mármol blanco y negro de la Catedral domina una calle de Orvieto. Erigida en el s XIII, es una de las más célebres de Italia por sus famosos frescos.

Jamones y salchichas cuelgan sobre el mostrador de una tienda. Las especialidades locales de cerdo, como la pancetta y el cotechino, se disfrutan mucho más allá de las fronteras de Umbría.

Abruzzos y Molise

La región de los Abruzzos, en Italia central, limita con el Adriático al Este y con las cimas de las montañas de los Apeninos al Oeste, separados tan sólo por un fino grupo de colinas. Entre el mar y el Gran Sasso, la cima más alta y nevada de los Apeninos, la naturaleza sobrevive sin ser perturbada en vastos y solitarios bosques. El Parco Naziona- le d'Abruzzo, reserva natural situada en el sur de la región, alberga muchas es- pecies en peligro: osos pardos, zorros, gamuzas, águilas reales, perdices blan- cas, gatos salvajes e incluso lobos. Los pueblos de la montaña, que práctica- mente no han cambiado desde la Edad Media, cuelgan de las escarpadas pen- dientes de las laderas.

Más hacia el Sur se encuentra el Mo- lise, una campiña pobre y primitiva, donde colinas suaves se alternan con altas cimas de las cordilleras apenini- cas del Matese y el Maiella. Hay gran- des extensiones de tierra tan lejos como alcanza la vista, cuya monotonía apenas rompen solitarios pinos, encinas y ci- preses. A su vez, los olivos y frutales sobresalen entre la maleza siempre ver- de. Debido a las duras condiciones geo- gráficas, las antiguas tierras de labran- za han permanecido inmunes a la influencia del exterior, y conservan su aspecto tradicional.

Tanto los habitantes de los Abruzzos como los del Molise son descendientes de los samnitas, pueblo antiguo de ru- das costumbres que luchó largo tiempo contra los romanos; pero mientras que los abruzzeses tiene fama de gentes amables, a los del Molise se les consi- dera más rudos y más astutos.

Durante siglos la vida rural ha cam- biado tan poco como el paisaje. Criar rebaños de ovejas y trabajar una tierra escasamente fértil son los únicos re- cursos, por lo que el nivel de vida es modesto. Sin embargo, hay algunos mo- tivos de celebración: los frutos de la naturaleza y el trabajo de los labrado- res inspiran muchas fiestas locales de- dicadas a los cochinillos, al queso, a las alcachofas y al pescado. Un escalo- friante acontecimiento anual, la *Pro- cessione dei serpari*, tiene lugar en Co- cullo el primer jueves de mayo. La estatua de Santo Domingo, fundador de la orden de los dominicos, es llevada en procesión por las calles con serpientes vivas retorciéndose en torno a ella. Pa- ra celebrar esta fiesta las pastelerías venden *cervone* y *serpente,* pasteles con forma de serpientes. El lunes de Pentecostés, frente a la iglesia de Lore- to Aprutino, un niño vestido de ángel monta en los «Bueyes de Pentecostés», que se mueven en círculos en el sentido de las agujas del reloj. Para señalar la Feria de la Cebolla de Isernia, el 28 y 29 de junio, se venden decorativas tiras trenzadas de cebollas y ajos. En Monte- nero Valcocchiara, en las montañas al norte de Isernia, tiene lugar un verda- dero rodeo el primer domingo después del 15 de agosto, en el que los competi- dores montan caballos sin domar.

A las gentes de los Abruzzos y el Mo- lise les encanta comer, tanto en sus fiestas como a diario. La cocina es sus- tanciosa, utiliza la grasa de cerdo para guisar y es muy picante y condimenta- da. Por algo los *peperoncini* locales, una especie de guindilla que se encuen- tra en todos los platos de la zona, reci- ben el apelativo de *diavolillo* («diabli- llo»). Los rebaños de cerdos de las montañas proporcionan *prosciutto cru-*

do (jamón secado al aire), *pancetta* (panceta de cerdo ahumada), *coppa* (cuello de cerdo ahumado) y muchos ti- pos de salchichas y otros productos cárnicos. El *fegato pazzo* es una salchi- cha de hígado con guindillas, el *fegato dolce* es una variante condimentada con miel, pistachos y corteza de naran- ja escarchada. La *porchetta,* o cochini- llo asado, es un plato sabroso y abun- dante. El cordero también es popular y aparece en cualquier forma imaginada. El *brodetto* local está condimentado con azafrán de l'Aquila, capital de los Abruzzos. Por toda la región los restau- rantes sirven *maccheroni alla chitarra.* Es una pasta local, parecida a los espa- guetis, que se hace presionando la ma- sa a través de un molde de madera con un entramado de cuerdas muy juntas, como una guitarra, de ahí el nombre.

Hay gran cantidad de quesos locales. La leche de oveja es la base del reque- són, la *mozzarella,* la *scamorza* -fresca

Las aldeas y viviendas diseminadas son características de las laderas del Monte Sibellini, una cordillera de los Apeninos. Poco conocidas fuera de Italia, las pequeñas mesetas de estas montañas azules son refugios de una naturaleza apacible.

o ahumada- y el pecorino. La *mozzarella d'Abruzzo* se vende fresca en las granjas que llevan el sello de los *caseifici* («fábrica de quesos»). Las bolitas de este queso no se pueden conservar durante mucho tiempo, pero son una buena compra. Gabriele D'Annunzio, uno de las escritores italianos modernos más famosos y nativo de Pescara in Abruzzi, dijo del queso pecorino que encerraba «todo el sabor del Maiella», la escarpada cordillera de los Apeninos al sur de su ciudad natal.

La dureza del cultivo de una tierra poco productiva se refleja fuertemente en los rostros de los habitantes del Molise.

Vino

Las uvas de Montepulciano y Trebbiano, que se cultivan en los Abruzzos y el Molise, producen vinos buenos y fuertes. El clásico tinto Montepulciano procede de los Abruzzos. El Trebbiano es un suave vino blanco seco que debe beberse joven. Una bebida fortificante es el licor de alta graduación Centerbe, destilado de cien hierbas aromáticas.

Lacio y Campania

La costa occidental del fértil Lacio está bañada por el Mar Tirreno. En las colinas del interior los espesos pastos están salpicados de olivares. Los Apeninos, al Este, y los numerosos lagos y estaciones termales hacen de la zona un atractivo destino de vacaciones. Roma, la capital de la región y del país, ha desarrollado sus propias tradiciones culinarias gracias al talento de los romanos para improvisar, y los platos *alla romana* son elegantes pero sencillos y satisfactorios, y por añadidura muy condimentados. La cocina romana . es tan pintoresca como los habitantes de la ciudad, que proceden de toda Italia. Los productos agrícolas para el consumo de la ciudad llegan del campo circundante, famoso por sus verduras.

Campania abarca el Golfo de Nápoles, la costa de Amalfi, las islas de Is-chia, Capri y Prócida y la península de Sorrento. Vino, aceitunas, cereales, verduras y frutas han enriquecido la dieta local desde tiempos antiguos, así como la riqueza del mar: salmonetes, pez espada, sardinas y anchoas. El búfalo, que se puede ver pastando en las praderas, proporciona la leche con la que se hace el cremoso queso blanco *mozzarella di bufala*. Y Nápoles, la capital regional, es centro económico y capital gastronómica del Sur de Italia.

Lacio

El Lacio, con Roma como su centro, es la cuna del primer libro de cocina europeo conocido y de la primera verdadera cocina europea. Los ciudadanos de la antigua Roma comían desde unas simples gachas hasta platos tan exóticos como el pavo real o el lirón. Entre las comidas del Imperio había trece variedades de queso, un gran número de vinos y varios postres suntuosos. Durante el Renacimiento la rica e imaginativa preparación que caracteriza hoy día la cocina romana se desarrolló al máximo. Como resultado hay platos favoritos de los romanos actuales, como los *fettucine al burro*, pasta casera en forma de lazo servida con mantequilla y queso parmesano. Entre otros platos de pasta están los *cannelloni* rellenos de carne, los famosos *spaghetti alla carbonara* y las *penne all'arrabbiata*, nidos de pasta con guindillas grandes rojas y picantes. Una especialidad es la *saltimbocca alla romana*, escalopes finos de ternera con jamón y salvia.

En esta región cada festividad tiene su especialidad culinaria: tras los rezos vienen los placeres, cuando los celebrantes comen, beben, cantan y bailan. Durante la Semana Santa se come cordero y cabrito, y los cochinillos rellenos y asados se comen en la mitad de la Festa de Noantri (la fiesta de la «Gente como Nosotros»), que tiene lugar en el barrio romano del Trastévere a mediados de julio. El capón relleno se come tradicionalmente el día de Navidad, mientras que las lentejas con *cotechino* (salchichas de cerdo cocidas) se saborean en Año Nuevo. Entre Navidad y el 6 de enero la Piazza Navona de Roma es el escenario de un mercado de juguetes para los niños, en el que se venden todo tipo de dulces y caramelos.

Campania

El símbolo culinario de Nápoles es la *pizza napoletana*, con tomates y queso mozzarella, mientras que la pasta de sémola de trigo duro se come por toda Campania. El aceite de oliva, las cebollas, la albahaca, el perejil y los tomates madurados al sol componen la salsa

local que acompaña a los macarrones, los *rigatoni*, las *penne* y los espaguetis.

A lo largo de la costa, esta salsa de tomate se sirve con mejillones, almejas y calamares. Un plato delicioso de la región es el *fritto misto del golfo*, frituras crujientes de un surtido de pescados. La especialidad de la pequeña isla de Ischia, en el Golfo de Nápoles, es el *coniglio alla cacciatora*, (conejo a la cazadora), hecho con conejos cebados con hojas de parra y pepitas de uva.

Vino

Los blancos Castelli Romani se producen en la fértil tierra volcánica del Lacio. Entre ellos se incluyen el Frascati, el Marino y el Colli Albani, y el famoso Est! Est!! Est!!! procedente de Montefiascone. Los tintos son más refinados, como el Torre Ercolano. El poeta Horacio cantaba las excelencias del Falerno, mientras que el Cecubo era el favorito de Tiberio y de Nerón.

Campania no es una gran región vinícola. Entre sus blancos están el Lacrima Christi del Vesubio, el Greco di Tufo, el de Capri, el de Ischia y el Ravello. De suave y agradable sabor son los tintos Taurasi y Solopaca.

Estatuas de Santos coronan la columnata de Bernini en la plaza de San Pedro de Roma. Las columnas del siglo XVII, obra maestra de Bernini, guía a los visitantes hacia la Basílica.

La base de la comida calabresa se resume en el mostrador de esta tienda. Los tomates secos, un puré de tomates de fuerte sabor, las aceitunas negras y las guindillas le dan su carácter a la sencilla gastronomía de la región.

Las casas de Trulli hacen singular el paisaje de los tejados de Alberobello. Únicos en Apulia, estos tejados de piedra gris pueden haber tenido sus orígenes en una cultura local de la Edad de Piedra, y reflejan la falta de madera para la construcción en la zona.

Apulia, Calabria y Basilicata

El carácter de las tres regiones del extremo de la «bota» de Italia deriva en primer lugar de su geografía. Esta zona montañosa, caliente y seca abarca unos 1500 km de costa, y se enorgullece de tener ciudades de estilo barroco, catedrales románicas, ciudades blancas como la nieve en las colinas de Apulia y pueblos de piedra gris en las montañas de Calabria.

La atracción principal para los turistas es el Castel del Monte (siglo XIII), pabellón de caza del emperador del Sacro Imperio Romano Federico II, y la encantadora ciudad de Alberobello, en Apulia, con sus *trulli,* edificios encalados con tejados cónicos de piedra. Entre otros atractivos se incluyen los blancos acantilados calizos del promontorio de Gargano y las viviendas fantasmales, parecidas a cuevas, de las rocas de Matera, en Basilicata.

Trigo, verduras, fruta, vid y aceitunas son los productos de las fértiles llanuras de Apulia. Calabria produce alcachofas, berenjenas, tomates y cítricos, mientras que en la montañosa Basilicata la gente obtiene los alimentos de primera necesidad (cereales, verduras, legumbres y aceitunas) arrebatándoselos a pequeños terrenos de tierra árida.

Desde la Antigüedad esta parte de Italia ha estado abierta a inmigrantes e invasores, que han dejado su impronta en el aspecto de la población. Abundan los ojos azules, que hay que remontar a los normandos, facciones y pieles más oscuras heredadas de norteafricanos y mediterráneos orientales, individuos descendientes de españoles, griegos y hasta de eslavos. Apulia es una región moderadamente próspera, pero Basilicata y Calabria son en su mayor parte pobres, y su población está distribuida en comunidades diseminadas por el campo y las escarpadas montañas.

A lo largo y ancho de Apulia y Calabria San Antonio es venerado como el santo patrón de los granjeros de cerdos y su fiesta, el 17 de enero, está señalada por una gran matanza de cerdos. En junio hay una fiesta del pez espada en Bagnara, cerca de Reggio Calabria. La Semana Santa se celebra en Tarento, Apulia, con una procesión de 14 horas de penitentes encapuchados y flagelantes vestidos de blanco. En Bari un barco sobre ruedas se pasea por la ciudad el 8 de mayo para honrar a San Nicolás, patrón de los navegantes y de la ciudad. Durante el Corpus Christi el arzobispo de Brindisi, a caballo y con todos los atributos de su autoridad, encabeza una procesión por toda su ciudad.

La cocina tradicional en las tres regiones está basada en la sémola y las aceitunas. Éstas son un alimento básico, y las aceitunas negras *baresane,* conservadas en salmuera, son muy apreciadas. Se comen con un pan crujiente coloreado con azafrán, la *focaccia,* receta que se puede variar añadiéndo aceitunas, ajo, o tomate seco.

Las cebollas de sabor agrio llamadas

lampasciuni se dejan en vinagre y sirven como aperitivo. El menú también incluye un surtido de pasta casera en forma de oreja, las *orecchiette,* las *strascenate* cuadradas o los *fusilli* en forma de espiral, que se sirven con una mezcla de verduras, o con salsa de carne o de pescado. El cordero, el cerdo, las aves y el conejo son las carnes más comunes; la de vacuno se sirve menos. Se usan mucho las hierbas aromáticas, como en el cordero de primavera braseado con hierbas silvestres.

Las *pizzette di patate*, pizzas de masa de patata, son muy populares en Apulia. Los mares Adriático y Jónico son una rica fuente de pescado, crustáceos y mariscos. Los mejillones gratinados, por ejemplo, son una especialidad del Golfo de Tarento, y los erizos de mar de las aguas de Bari, que se comen como las ostras, son considerados un delicioso festín culinario. Tierra adentro, en Calabria, los platos de caza forman parte de la tradición culinaria.

El sur de Italia es el lugar de origen de algunos quesos famosos: el *mozzarella* de Apulia, de leche de búfala, está considerado el mejor de Italia. El *provola,* de leche de vaca y con forma de pelota, y el *scarmorza,* de leche de búfala, se pueden comprar frescos, curados o ahumados. El *provolone* se puede hacer con leche de cabra, oveja o vaca, y se le puede dar forma de pera, de cerdo, humana u otras antes de ser colgado para que se cure; la variedad local se denomina *caciovallo.* El requesón está hecho de leche de oveja, y se vende como *ricotta fresca* o *ricotta forte.*

Vino

Apulia ofrece buenos vinos blancos, como el Locorotondo, el Castel del Monte, el Martina Franca y el Moscato di Trani. También merecen la pena los tintos fuertes Salice Salentino y el Copertino tinto o rosado de la península de Salento. Entre los más famosos de Calabria está el Cirò, tinto, blanco o rosado. La Basilicata es la tierra del excelente tinto Aglianico del Vulture.

El Castel del Monte hace guardia en lo alto, dominando el paisaje de Apulia. Construido en 1240 por el emperador del Sacro Imperio Federico II como refugio de caza, el castillo es hoy una de las principales atracciones turísticas de la región.

Sicilia y Cerdeña

Un árido paisaje de lomas pardas y pastos escasos, es la tierra de un pastor sardo de la provincia de Sássari. A pesar de las desoladas mesetas de la isla, aquí se cría un tercio de las ovejas de Italia.

Como en otras partes, las influencias culturales y la personalidad de la tierra han dado forma a la cocina de las islas de Sicilia y Cerdeña, donde puede decirse que se encuentran los orígenes de la cocina italiana. Los sicilianos experimentaron con las habilidades culinarias de sus conquistadores griegos, en Cerdeña adoptaron los gustos de los fenicios y los invasores africanos, árabes, romanos y normandos dejaron huellas de sus tradiciones culturales y culinarias. Siempre aisladas del resto de Italia, ambas islas se han desarrollado de forma única y original.

Sicilia es la isla más grande del Mediterráneo. Una vegetación exuberante florece a lo largo de la costa de esta tierra montañosa, donde aún fluye lava líquida desde el Etna, el volcán activo más grande de Europa. Ya en la anti-

güedad, Sicilia era el granero del Imperio Romano, y hoy en día más de la mitad de la población sigue viviendo del cultivo de la tierra. La azarosa historia de la isla se refleja en los rostros de sus habitantes: los rubios de piel clara son casi tan comunes como los de pelo oscuro y facciones árabes. También se puede observar en los restos del rico arte griego, romano y normando.

Una característica única de Cerdeña, testimonio de una cultura de la Edad de Bronce, son los *nuraghi,* antiquísimas estructuras circulares de basalto en forma de torre que se pueden encontrar por toda la isla, con sus rígidas siluetas contra el cielo azul y que sirvieron de fortalezas a civilizaciones perdidas.

Hoy en día los sardos, en su mayoría pastores y agricultores, viven de la tierra. Como en Sicilia, la pesca del atún y del pez espada desempeña un papel importante en la economía, pero la cría de ovejas es la principal fuente de ingresos, y representa casi un tercio de las ovejas de Italia. Los orgullosos sardos todavía se aferran a sus antiguas tradiciones y creencias, y casi todos los pueblos tiene su propio dialecto.

Las fiestas son frecuentes y llenas de colorido. En Agrigento, Sicilia, tiene lugar una fiesta en febrero para celebrar el florecimiento de los almendros, y los frutos secos siempre aparecen en las bodas, en las que la pareja de novios recibe una lluvia de almendras garrapiñadas, un símbolo de fertilidad. El 29 de junio, fiesta de San Pedro, patrón de los pescadores, se fríe pescado en las calles de los pueblos pesqueros. En el Día de Difuntos se les dan a los niños sicilianos unas galletas llamadas *ossi di morti* («huesos de muerto»). En Cerdeña, a comienzos de junio, tiene lugar en Sedilo una peligrosa carrera de caballos llamada la Ardia, y Aritzo, a finales de octubre, organiza una fiesta de las castañas y avellanas.

La cocina siciliana se basa en productos cultivados en casa. La poca carne que se come en la isla suele adoptar la forma de salchichas ahumadas de cerdo o conejo. Entre los platos locales famosos se encuentra la *pasta con le sarde*, pasta con sardinas, y la *caponata*, un plato frío de verduras hecho con berenjenas. Los *arancini* son albóndigas fritas rellenas de arroz.

Los sicilianos han creado algunos postres famosos. La *cassata*, bizcocho esponjoso de capas de requesón y frutas confitadas, que se suele servir en las bodas, también es famoso como especialidad de helado. Los *cannoli* son rollitos crujientes de masa rellena de requesón o de un queso fresco blando similar al de Burgos.

La cocina de Cerdeña es sencilla, sustanciosa, y no ha cambiado en siglos. El pan, alimento básico de los isleños, va desde inmensas hogazas recién hechas a los crepes llamados *carta di música*, tan finos como papel. Entre los condimentos preferidos se incluye la canela, nuez moscada, hinojo silvestre, mirtillo, romero, tomillo, hojas de laurel y salvia. Tradicionalmente el cordero, el cabrito, el cochinillo y la caza se asan en un espetón sobre un fuego hecho al aire libre con madera de enebro u olivo. El queso de Cerdeña se hace de leche de oveja: el *pecorino sardo* se vende en diferentes grados de madurez.

Vinos

Las islas ofrecen gran variedad de vinos. Los mejores blancos sicilianos incluyen el Regaleali, El Corvo Bianco, el Rapitalà y el Etna Bianco. Las fértiles tierras negras volcánicas producen excelentes tintos.-Etna y Cerasuolo-, y el Marsala es un famoso vino de postre. Los blancos de Cerdeña incluyen los alegres Nuragus di Cagliari y Vernaccia di Oristano, robustos y parecidos al jerez. El tinto Cannonau es fuerte, de mucho cuerpo y el más ligero Monica se produce en varias partes de la isla.

La riqueza del mar proporciona una generosa exhibición de pescado y mariscos (a la izquierda) para atraer a los compradores de un mercado siciliano.

ANTIPASTI

L os *antipasti* (literalmente, «antes de la comida») son los entremeses o aperitivos italianos. Ofrecen un amplio campo para el cocinero imaginativo, y pueden hacerse casi con cualquier ingrediente. Así, pequeñas exquisiteces como *las olive piccanti* pueden servirse con los aperitivos, y la *insalata di frutti di mare* o el *carpaccio* son comienzos elegantes para un comidas especiales. Las verduras de estación a menudo aparecen como entremeses, y algunos de ellos, como la *insalata di funghi* o los *peperoni all'olio*, pueden ser también guarniciones (las guarniciones que pueden ser entremeses aparecen en el capítulo *Contorni*, páginas 109-123).

Algunos *antipasti* son tan sustanciosos que sirven como plato principal, pero deben ir seguidos por un plato más ligero. Muchos de los entremeses de este tipo tienen como base el pan. Entre ellos está el *crostini vari*, pan blanco tostado cubierto de varios ingredientes, desde tomates picados y ajo a paté de hígado. Otro es la pizza.

Para grandes fiestas, unos *antipasti assortiti* (fuente mixta de carne, pescado y verduras) se hacen en casa fácilmente. En los restaurantes suelen incluir algunas carnes curadas de las tiendas locales, como el *salami, mortadella, bresaola* o jamón *prosciutto* como el de Parma o San Daniel. Estas carnes se equilibran con platos de frutas o verduras, como higos, melón, aceitunas, corazones de alcachofa o champiñones, según la estación y el gusto del cocinero.

Peperoni all olio

Fácil • Piamonte

Ensalada de pimientos marinados

Para 4 personas

**4 pimientos (1 rojo, 1 amarillo
y 2 verdes)**
30 g de perejil
2 dientes de ajo
**1 guindilla pequeña (opcional,
ver Glosario)**
Sal
20 cl de aceite de oliva

**Tiempo de preparación: 30 minutos
(más 1 hora de marinado)**

2100 kJ/500 calorías por ración

1 Encienda la gratinadora del horno o precaliente el horno a 250°C.

2 Lave los pimientos, séquelos con un trapo, colóquelos en la gratinadora y déles la vuelta de vez en cuando, o métalos en el horno durante 10 o 12 minutos, hasta que las pieles estén ligeramente quemadas y levantadas. Póngalos en un cuenco de cristal con tapadera o en una bolsa de papel cerrada hasta que se enfríen lo suficiente como para poder manipularlos. El vapor hará más fácil el pelar los pimientos.

3 Mientras tanto, lave el perejil, sacúdalo para que se seque y píquelo finamente. Pele y pique finamente el ajo; si utiliza guindilla, ábrala a lo largo, retire las semillas y córtela en tiras finas. Mézclala con un poco de sal y con 2 cucharadas de aceite de oliva.

4 Pele los pimientos con un cuchillo de cocina. Córtelos por la mitad, sáqueles las semillas y las estrías blancas, y córtelos luego en tiras de 5 mm.

5 Coloque las tiras en una fuente de servir. Añada la guindilla una vez cortada, si la utiliza (si lo prefiere, sírvala por separado). Espolvoréelo con el ajo picado y vierta el aceite restante. Decórelo con el perejil picado y, en caso necesario, añada sal. Déjelo marinando en el frigorífico al menos 1 hora.

El aceite de oliva

El cultivo del olivo está muy arraigado en la historia de Italia. Durante generaciones, regiones enteras se han ganado la vida gracias al fruto de esos centenarios árboles de tronco retorcido y hojas plateadas.

Aunque los olivos empiezan a dar fruto después de unos cinco años de haberlos plantado, la producción máxima no se alcanza hasta 15 o 20 años más tarde. La cosecha comienza en noviembre. Las mejores aceitunas se cogen con la mano, el resto son vareadas para que caigan y se recogen en redes (arriba a la derecha). En la almazara las aceitunas se aplastan entre piedras de molino giratorias, luego se extienden en lonas y se pasan por una prensa hidráulica. Las primeras gotas de aceite se prueban para verificar el aroma, consistencia, sabor y color, y así decidir la calidad. Los aceites más puros, cuyo color va del verde al amarillo paja, salen de la primera prensa, y son los llamados virgen extra (los mejores y más caros) y virgen. Los dos le dan un sabor típico y afrutado a ensaladas y otros platos. Las prensas que se hacen después, mezcladas y refinadas en distintos grados, producen aceites puros, extrafinos y finos, de color y sabor más suave.

Carpaccio del Cipriani

Rápida • Venecia

Solomillo crudo de ternera marinado

Para 4 personas

200 g de solomillo de ternera en una pieza (o cortada en láminas tan finas como el papel)
8 cucharadas de aceite de oliva
El zumo de 2 limones
100 g de champiñones
50 g de queso parmesano (en un sólo trozo)
Sal
Pimienta blanca recién molida
20 g de perejil

Tiempo de preparación: 20 minutos (más 1 hora de enfriado)

1200 kJ/290 calorías por ración

1 En caso de que sea un solomillo entero, envuélvalo con una bolsa de papel o de plástico y métalo en el congelador durante 1 hora, ya que la carne congelada se puede cortar más fácilmente en láminas.

2 Cuando la carne esté muy fría pero no totalmente congelada, córtela en láminas tan finas como el papel con la ayuda de un cuchillo muy afilado. Colóquelas en una fuente de servir y vierta por encima 4 cucharadas de aceite de oliva y el zumo de un limón. Cúbralo y déjelo marinando unos 15 minutos.

3 Mientras tanto, limpie bien los champiñones, lávelos y escúrralos bien. Córtelos en láminas finas y extiéndalos por encima de la carne. Corte el queso parmesano en rodajas muy finas (o en virutas) y póngalo por encima.

4 Salpimente y rocíe por encima con el aceite de oliva y el zumo de limón restantes. Lave el perejil y sacúdalo bien para que se seque y esparza las hojas sólo sobre el carpaccio. Al servirlo a la mesa acompáñelo de aceite de oliva y sal para que los invitados lo puedan aliñar al gusto. Sírvalo con pan blanco crujiente.

Vino: con este plato va bien un vino blanco, fresco y ligero, como el Franciacorta Bianco de Lombardía.

Insalata di funghi

Sencilla • Umbría

Ensalada de champiñones

Para 4 personas

600 g de champiñones
El zumo de 2 limones
Sal
1 hoja de laurel
10 cl de aceite de oliva
Pimienta blanca recién molida
30 g de perejil
1 diente de ajo
1 guindilla (opcional, ver Glosario)

Tiempo de preparación: 30 minutos (más 2 horas de marinado)

1100 kJ/260 calorías por ración

1 Limpie, lave y escurra bien los champiñones. En un cazo, eche la mitad del zumo de limón, un poco de sal y 1 litro de agua y déle un hervor. Añada los champiñones y una hoja de laurel, y cuézalos a fuego lento unos 5 minutos.

2 Escurra muy bien los champiñones sobre un paño limpio y séquelos con papel de cocina. Córtelos en láminas de unos 5 milímetros de grosor y colóquelos en un cuenco de servir. Vierta por encima el aceite de oliva y el zumo de limón restante y salpiméntelos.

3 Lave el perejil, sacúdalo para que se seque y píquelo finamente. Pele el ajo y lamínelo finamente. En caso de que utilice guindilla, córtela por la mitad a lo largo, saque las semillas y córtela en tiras. Eche el perejil, el ajo y la guindilla a los champiñones y remuévalo.

4 Deje la ensalada marinando al menos dos horas en un lugar frío (que no sea el frigorífico). Su sabor es incluso mejor si lo deja marinando toda la noche.

Vino: un suave Prosecco Frizzante de Venecia.

Variante: Funghi sul crostini
(Pan tostado cubierto de champiñones)
Meta en el horno 8 rebanadas de pan blanco de 2 cm de grosor (como para los *crostini* de la p. 32, paso 4). Extienda 1 cucharada de ensalada de champiñones encima de cada rebanada.

Crostini di fegato di pollo

Fácil · Toscana

Canapés calientes de hígado de pollo

Para 4 personas

8 higaditos frescos de pollo
1 cebolla mediana
1 zanahoria
1 ramita de apio
1 diente de ajo
60 g de perejil
30 g de mantequilla
5 cucharadas de aceite de oliva
12,5 cl de vino blanco seco
Sal
Pimienta negra recién molida
El zumo de 1 limón
1 cucharada de alcaparras
1 cucharadita de pasta de anchoas
12,5 cl de caldo de carne
12 rebanadas de barra de pan blanco

Tiempo de preparación: 1 1/2 hora

1900 kJ/450 calorías por ración

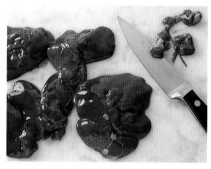

1 Limpie bien los higaditos de pollo, quitando los tejidos conjuntivos y las manchas verdes que pueda encontrar (arriba); lávelos y séquelos. Pele y pique la cebolla y la zanahoria. Corte los extremos del apio, pélelo y píquelo. Pele y pique el ajo. Lave y seque el perejil, pique la mitad y mézclelo con el ajo.

2 En una sartén, caliente la mitad de la mantequilla con 1 cucharada de aceite de oliva. Fría la cebolla picada, la zanahoria y el apio. Añada los higaditos de pollo, saltéelos un momento y vierta la mitad del vino. Deje evaporar, cubra la sartén y cuézalo a fuego medio unos 15 minutos. Salpiméntelo. Añada la mezcla de ajo y perejil con el zumo de limón.

3 Haga puré la mezcla de los higadillos de pollo en una trituradora junto con 1 cucharadita de alcaparras. Eche la pas-

ta de anchoas y mézclelo, volviendo a colocar la mezcla en el cazo. Añada la mantequilla restante, cúbralo y cuézalo a fuego lento unos 5 minutos. Vierta gradualmente el caldo de carne y el vino restante (abajo, a la izquierda). La mezcla no debe quedar demasiado líquida.

4 Precaliente el horno a 200° C. Coloque las rebanadas de pan en una bandeja de horno, rocíelas con el aceite de oliva restante y métalas en la parte superior del horno unos 4 o 5 minutos, hasta que se doren bien. Unte el pan tostado con la pasta de hígado. Decórela por encima con las alcaparras restantes y con las hojas de perejil y sírvalas calientes.

Vino: con este plato va bien un vino tinto oscuro, como el Chianti Classico, que haya reposado algún tiempo.

Variante: Crostini al tonno

(Canapés calientes de atún)
En lugar de utilizar los higaditos de pollo puede untar las rebanadas de pan tostado con una mezcla de 150 g de bonito en aceite enlatado, escurriendo bien el aceite, y 100 g de mantequilla, más una cucharadita de pasta de anchoas. Decórelo con 2 cucharaditas de alcaparras, unas hojas de perejil y unas rodajas de limón.
Para acompañar el atún, escoja un vino fresco blanco, como el Tocai de Friul.

Mozzarella e pomodori

Sencilla y rápida • Nápoles

Queso mozzarella y tomates

Para 4 personas

4 tomates maduros de pulpa firme
250 g de queso mozzarella
Sal
1 cucharadita de orégano seco
Albahaca fresca
Pimienta negra recién molida
1 cucharadita de alcaparras
8 aceitunas negras
4 cucharadas de aceite virgen de oliva

Tiempo de preparación: 10 minutos

1200 kJ/290 calorías por ración

1 Lave los tomates y corte cada uno de ellos en rodajas gruesas de unos 5 mm de grosor, retirando la base del tallo. Escurra bien el mozzarella y córtelo en rodajas finas.

2 Coloque unas sobre otras, alternando las rodajas de mozzarella y las de tomate alrededor de una fuente de servir grande y redonda. Sazone con sal y espolvoree con el orégano.

3 Lave y escurra la albahaca y decore el queso y los tomates con las hojas de albahaca. Espolvoréelos con pimienta negra recién molida.

4 Decórelo con las alcaparras y las aceitunas y rocíelo con el aceite de oliva. Sírvalo enseguida acompañado de pan blanco crujiente.

Variante: Mozzarella al forno
(Mozzarella al horno)
Precaliente el horno a 200° C. Corte el mozzarella en rodajas redondas y ponga cada una sobre una rebanada de pan blanco crujiente. Sazónelas con sal, pimienta y orégano, colóquelas sobre una bandeja de horno y rocíelas con aceite de oliva. Hornéelas unos 6 u 8 minutos, hasta que el queso comience a derretirse. Sírvalas como primer plato o como aperitivo.

Nota: el queso mozzarella se hace tradicionalmente con leche de búfala, pero hoy en día se encuentra más fácilmente el queso que está hecho con leche de vaca. La leche de búfala tiene un sabor más fuerte que la de vaca, y es más suave y cremosa.

Olive piccanti

Aceitunas picantes

250 g de aceitunas negras
1 ramita de apio
2 dientes de ajo
3 escalonias o cebolletas
1 guindilla fresca (ver el Glosario)
5 cucharadas de aceite de oliva virgen

Tiempo de preparación: 10 minutos

1400 kJ/330 calorías por ración

1 Seque bien las aceitunas con un papel de cocina y colóquelas en un cuenco.

2 Lave y corte los extremos del apio y quítele las hojas y las hebras. Utilíce únicamente la parte central (de unos 10 cm), córtelo en varias tiras de 5 mm de grosor. Pele y pique finamente el ajo, pele las escalonias o las cebolletas y córtelas en aros finos. Lave la guindilla, quítele el tallo y córtela por la mitad a lo largo con un cuchillo afilado, retire las semillas y córtela en tiras finas.

3 En un cuenco, mezcle el apio, el ajo y las escalonias o las cebolletas con las aceitunas. Coloque las tiras de guindilla por encima de las aceitunas y báñelo todo con el aceite de oliva.

Vino: sirva un aperitivo o un vino tinto suave y joven, como el Valtellina de Lombardía.

Variante: Olive con buccia d'arancio
(Aceitunas con cáscara de naranja)
Mezcle 400 g de aceitunas negras con una cucharadita de azúcar y la ralladura de una naranja. Ponga la mezcla en una bolsa de muselina pequeña que permita el paso del aire. Ciérre la bolsa y déjela durante 3 o 4 días en un lugar cerca del calor, como un radiador o el horno de la cocina, sacudiéndolo de vez en cuando, hasta que las aceitunas hayan absorbido el sabor a naranja.

Insalata di frutti di mare

Ensalada de mariscos

Elaborada • Regiones costeras   *Para 4 o 6 personas*

**600 g de pulpitos o calamares
(o 400 g de chipirones limpios,
frescos o congelados)
El zumo de 3 limones
4 cl de vinagre de vino tinto
Sal
1 kg de mejillones
300 g de gambas o langostinos
pequeños sin pelar (opcional)
30 g de perejil liso
3 dientes de ajo
1 guindilla roja (ver Glosario)
6 cucharadas de aceite de oliva
virgen**

**Tiempo de preparación: 1 hora
(más 2 horas de marinado)**

**1200 kJ/290 calorías por ración
(si es para 6 personas)**

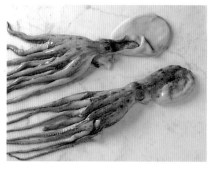

1 Para limpiar los pulpos pequeños (arriba) o los calamares, tire cuidadosamente de la cabeza y de los tentáculos hacia afuera del cuerpo en forma de bolsa. Saque la quilla y el saco de tinta. Separe la cabeza y las vísceras de los tentáculos y tírelas. Estruje el espolón para sacarlo de los tentáculos y tírelo. Quíteles la piel a las bolsas y lávelas bien por dentro bajo el chorro de agua.

2 En un cazo, hierva 1 litro de agua y el zumo de un limón, el vinagre de vino y 1/2 cucharadita de sal. Eche los cuerpos de pulpo y los tentáculos, cúbralos y cuézalos a fuego medio de 15 a 20 minutos (según el tamaño) hasta que estén tiernos. Los calamares descongelados puede que cuezan más rápido. Deje que se enfríen en el líquido de cocción.

3 Frote los mejillones bajo el chorro de agua fría y quíteles el barbilón con la parte del cuchillo que no corta (arriba). Golpee los mejillones que estén abiertos y, si no se cierran, tírelos. Ponga

1/4 de litro de agua a cocer, añada los mejillones, cubra el cazo y cueza a fuego fuerte hasta que los mejillones se abran. Tire los mejillones que permanezcan cerrados, saque el resto de las conchas y rocíelos con el zumo de medio limón.

4 Lave las gambas sin pelar, si las utiliza, y cuézalas en agua hirviendo con sal y el zumo de medio limón. Cuézalas 5 minutos, escúrralas en un colador y déjelas enfriar. Quíteles las cáscaras. Haga una incisión por la espalda de cada gamba para retirar la vena oscura (los intestinos) y aclárelas en agua templada.

5 Tire el líquido de los calamares y escúrralos bien. Corte los cuerpos en forma de bolsa en aros finos y los tentáculos en trozos de 1 cm de grosor. Mezcle los mejillones, las gambas y los calamares en un cuenco.

6 Lave el perejil, séquelo y píquelo finamente. Pele y pique finamente el ajo. Corte la guindilla por la mitad a lo largo, quítele las semillas y córtela en rodajas finas. Añada a la mezcla de mariscos el perejil, el ajo, los trozos de guindilla y remuévalo bien todo.

7 Rocíe todo con el zumo de 1 limón. Vierta por encima el aceite de oliva y mezcle todo muy bien. Déjelo marinando en un lugar fresco, que no sea el frigorífico, por lo menos durante 2 horas. Sírvalo con pan blanco crujiente.

Vino: con este plato va bien un vino blanco seco como el Tocai del Véneto o un Trebbiano d'Abruzzo.

Pizzette di patate

Fácil · Apulia
Pequeñas pizzas de patata

Para 4 personas

500 g de patatas harinosas
Sal
1 cebolla grande
150 g de panceta de cerdo ahumada en lonchas y sin corteza
100 g de harina
1 huevo
Nuez moscada molida
2 cucharadas de aceite de oliva
400 g de tomates frescos o de lata
30 g de perejil

Tiempo de preparación: 1 hora

1800 kJ/430 calorías por ración

1 Pele las patatas, cuartéelas y cuézalas a fuego lento en un cazo con agua y sal alrededor de 20 minutos.

2 Mientras, pele la cebolla y córtela en aros. Corte la panceta de cerdo en dados y póngalos al fuego en una sartén hasta que se haya derretido parte de la grasa. Saque la panceta de la sartén con una espumadera y resérvela. Saltee la cebolla en la grasa que haya soltado la panceta hasta que esté transparente.

3 Escurra las patatas y, mientras estén calientes, hágalas puré o páselas por un tamiz, dejando caer el puré en una tabla enharinada y deje que se enfríe. Añada la harina y el huevo, sazone con sal y un poco de nuez moscada rallada.

Añada 1 cucharada de aceite de oliva en la mezcla y amásela hasta obtener una masa suave. Divídala en cuatro trozos y haga 4 círculos de 1 cm de grosor y 18 cm de diámetro cada uno.

4 Precaliente el horno a 220° C. Pele y limpie los tomates como se explica en la p. 41, paso 3, o escurra los tomates de lata. Píquelos en trocitos, lávelos y pique el perejil.

5 Coloque los círculos de masa en una bandeja de horno ligeramente aceitada y ponga encima la panceta de cerdo, la cebolla, los tomates y el perejil. Salpiméntelos y cuézalos en el horno de 20 a 25 minutos. Rocíelos con algo de aceite justo antes de servirlos.

Calzone

Fácil · Campania
Pizza rellena

Para 4 personas

Para la masa:
20 g de levadura fresca (o 10 g de levadura seca) · 300 g de harina
Azúcar · 1 cucharadita de sal
2 cucharadas de aceite de oliva

Para el relleno:
500 g de champiñones
15 g de mantequilla · Sal
Pimienta negra recién molida
300 g de lonchas de jamón cocido
1 cucharadita de orégano
300 g de mozzarella
50 g de parmesano rallado
4 cucharadas de aceite de oliva

Tiempo de preparación: 2 horas

3700 kJ/880 calorías por ración

1 Haga una masa de pizza siguiendo la receta de la p. 41.

2 Para hacer el relleno, limpie los champiñones, lávelos, séquelos y lamínelos. Derrita la mantequilla en un cazo amplio, añada los champiñones y saltéelos a fuego fuerte unos 5 minutos, hasta que el líquido se haya evaporado. Salpiméntelos, resérvelos y déjelos enfriar.

3 Corte el jamón en tiras finas. Escurra bien el mozzarella y luego córtelo en dados pequeños. En un cuenco, mezcle el jamón y el mozzarella junto con el parmesano. Añada los champiñones ya fríos y sazone todo con orégano, sal y pimienta.

4 Precaliente el horno a 250° C. Unte una bandeja de horno con algo de aceite. Trabaje los cuatro trozos de masa enérgicamente y extiéndalos haciendo 4 círculos lisos y finos.

5 Extienda una cuarta parte del relleno en una mitad de cada círculo, dejando los bordes sin relleno. Doble la otra mitad, tapando el relleno. Presione los bordes firmemente para cerrarlos. Coloque los *calzone* en la bandeja de horno. Barnice cada uno con 1 cucharada de aceite de oliva y cuézalos en el medio del horno alrededor de 20 minutos hasta que se doren bien.

Vino: pruebe un sabroso vino tinto como el Copertino de Apulia.

Pizza «quattro stagioni»

Pizza cuatro estaciones

Para la masa:
20 g de levadura fresca (o 10 g de levadura seca)
Azúcar
300 g de harina fuerte
1 cucharadita de sal
2 cucharadas de aceite de oliva

Para la cobertura:
400 g de tomates frescos o de lata
Sal
Pimienta negra recién molida
6 cucharadas de aceite de oliva virgen
5 o 6 hojas de albahaca
2 cucharaditas de orégano
300 g de mozzarella
200 g de brécol
1 pimiento rojo
100 g de champiñones
4 filetes de anchoa en conserva en aceite
200 g de corazones de alcachofa en aceite
200 g de ensalada de mariscos (ver receta en p. 36)
10 aceitunas negras
1 cucharada de alcaparras

Tiempo de preparación: 1 hora (más 2 o 2 1/2 horas para que suba la masa)

2600 kJ/620 calorías por ración

1 Disuelva la levadura y el azúcar en un cuenco con 12,5 cl de agua templada. Eche 2 o 3 cucharadas de harina y remueva hasta obtener una pasta suave. Espolvoréela con algo de harina y déjela reposar en lugar caliente de 15 a 30 minutos.

2 Tamice la harina restante sobre una tabla, haga un hueco en el centro y eche la mezcla de la levadura y la sal. Forme una masa, añadiendo el aceite y unos 12,5 cl de agua templada, y trabájela hasta que quede suave y elástica. Forme una bola y divídala en cuatro trozos, cúbralo con un paño húmedo y déjela subir en lugar caliente de 1 1/2 a 2 horas, hasta que doble su tamaño.

3 Mientras, prepare el relleno. Escalde los tomates frescos en agua hirviendo, pélelos, córtelos por la mitad y quíteles las semillas (arriba). En el caso de que utilice tomates de lata, escúrralos bien. Pique los tomates en trozos pequeños, métalos en un cuenco, salpiméntelos, eche 3 cucharadas del aceite de oliva y remueva. Lave y seque la albahaca, píquela finamente y añádala a los tomates junto con el orégano. Escurra el mozzarella y córtelo en dados.

4 Lave y limpie el brécol. Quítele las semillas y las estrías blancas del interior al pimiento y córtelo en tiras finas. Limpie, lave y lamine los champiñones.

Escalde el brécol, el pimiento y los champiñones por separado, cociéndolos a fuego lento en agua salada entre 2 y 5 minutos, y escurra todo muy bien.

5 Ponga al alcance de la mano todos los ingredientes. Divida el brécol en ramilletes sueltos. Escurra las anchoas. Escurra y parta por la mitad los corazones de alcachofa. Precaliente el horno a 250°C.

6 Embadurne con aceite una bandeja de horno. Extienda la masa con el rodillo haciendo cuatro círculos, colóquelos en la bandeja y, con las manos, aplástelos para que se alisen, luego levante un borde alrededor (arriba).

7 Extienda la mezcla de tomate uniformemente sobre la masa. Para representar las cuatro estaciones, divida cada pizza en cuatro secciones y coloque los corazones de alcachofa para la primavera, el marisco para el verano, los champiñones para el otoño y el brécol para el invierno. Distribuya las aceitunas, las alcaparras y las anchoas en las cuatro secciones. Rocíelas con aceite.

8 Cueza las pizzas en la parte baja del horno. Pasados 15 minutos, cúbralas con el mozzarella cortado en dados y cuézalas otros 5 minutos. Sírvalas calientes. En la mesa, coloque aceite, sal y pimienta como aliño adicional.

PRIMI PIATTI

En un menú italiano, después de los *antipasti,* los primeros platos (*primi piatti*) consisten en sopa, pasta, arroz o polenta. La sopa puede ser un simple caldo claro decorado con pasta o huevo, o una *minestrone* de verdura, para la que cada ama de casa tiene su propia receta. Las *minestroni* son más parecidas a guisos que a sopas, y son deliciosas siempre.

Los *risotti* están hechos con arroz de grano redondo (*arborio* o *vialone,* por ejemplo), y deben estar jugosos y tiernos. La polenta sigue siendo el alimento básico de muchas regiones. Se puede freír en mantequilla o aceite, o se puede realzar con queso y trufas, como en la *polenta con tartuffi.* Otro plato casero popular son los *gnocchi* (ñoquis), pequeñas bolas de masa esponjosa hecha a base de harina, patatas, harina de maíz o semolina, que a menudo se sirven con una salsa picante.

Pero el *primo piatto* que se sirve más frecuentemente es la pasta. Aparte de los famosos espaguetis, *fettucine,* macarrones y pasta rellena como los raviolis hay innumerables tipos de pasta acompañados por un sinfín de imaginativas salsas. Bien sea la *pasta all'uovo* del norte de Italia, hecha con huevos, harina y mantequilla, o la semolina sin huevo y la pasta de aceite del sur, la variedad de formas y la riqueza son abrumadoras.

Minestrone di verdure

Sencilla • Lombadía **Sopa minestrone** *Para 6 u 8 personas*

50 g de alubias pequeñas
1 hoja de salvia
3 zanahorias
Sal
1 puerro
1/4 de col rizada o de Milán
1 calabacín
1 rama de apio
3 patatas medianas
2 tomates maduros
15 g de mantequilla
4 cucharadas de aceite de oliva
2 litros de caldo de carne (puede usar caldo en pastillas)
100 g de ditalini u otra pasta corta
1 diente de ajo
10 o 15 hojas de romero
1 guindilla fresca o seca
Queso parmesano recién rallado

Tiempo de preparación: 1 1/2 hora (más el remojo de las alubias)

700 kJ/170 calorías por ración (si es para 8 personas)

1 Ponga las alubias en remojo en agua fría unas 7 u 8 horas, o toda la noche. Escúrralas y hiérvalas en agua fría junto con la salvia de 30 a 45 minutos.

2 Limpie el puerro y córtelo en aros de 5 mm. Pele y lamine las zanahorias. Descorazone la col y córtela en tiras finas. Corte los extremos del apio, pele las hebras y córtelo en trozos de 5 mm. Pele y corte en dados las patatas. Quite los extremos del calabacín y córtelo en rodajas. Lave y escurra toda la verdura. Quite la piel y las semillas de los tomates (p. 41, paso 3) y córtelos en ocho trozos

3 Caliente la mantequilla y la mitad del aceite en una cazuela grande. Añada los aros de puerro y saltéelos un momento, removiéndolos constantemente. Escurra las habichuelas precocidas en

un colador, enjuáguelas bajo el chorro de agua fría y añádalas a la cazuela. Añada el resto de las verduras gradualmente y cuézalas unos 10 minutos.

4 Añada el caldo. Cubra las verduras y cuézalas a fuego medio entre 20 y 30 minutos, removiéndolas de vez en cuando. Sazónelas con sal, añada la pasta y cuézala a fuego lento hasta que estén *al dente*.

5 Mientras tanto, pele y lamine el ajo. Caliente el aceite de oliva restante en una sartén pequeña, eche el ajo, el romero y la guindilla entera y fría todo un momento en el aceite, cuidando de que el ajo no se queme.

6 Por último, incorpore la mezcla del romero en la sopa, removiéndolo bien. Sirva la minestrone caliente en una sopera, sirviendo por separado el queso parmesano en un cuenco.

Variante:

Minestrone con piselli e pesto
(Minestrone con guisantes y pesto)
Prepare la sopa de la misma forma que en la receta, pero omitiendo la mezcla del romero, y a su vez añadiendo 150 g de guisantes frescos pelados o congelados junto con la pasta. Para el pesto, siga las instrucciones de la página 64, pero omitiendo la guindilla. Si la pasta quedara demasiado espesa, vierta un poco de sopa y remuévala. Para servir, eche en cada plato de sopa una cucharada de pesto y remuévala. Acompáñelo con unas rebanadas de pan blanco frotadas con la mitad de un ajo.

Vino: si le gusta servir vino con la sopa, pruebe con un blanco Trebbiano di Romaña, o bien un tinto Griguolino o un Chianti.

Nota: hay muchas variantes de esta sopa. Puede añadir cualquier verdura que tenga a mano: champiñones, cebollas, judías verdes, acelgas, etc. A menudo también se añade a la sopa algo panceta de cerdo o de jamón.

Zuppa alla valdostana

Sencilla • Valle de Aosta

Sopa de col con pan y queso

Para 4 personas

1 col rizada o de Milán
Sal
250 g pan blanco del día anterior
250 g de queso fontina (o bien de queso gouda)
100 g de mantequilla
3/4 de litro de caldo de carne o de caldo de pollo
Pimienta blanca recién molida

Tiempo de preparación: 1 1/4 hora

2800 kJ/670 calorías por ración

1 Quite las hojas externas de la col y descorazónela, lávela y escúrrala. Primero cuartéela y después córtela en tiras finas.

2 Escalde las tiras de col en 1/2 litro de agua hirviendo con sal durante unos 2 minutos. Aclárelas con agua fría y escúrralas muy bien. Corte el pan y el queso en rebanadas. Precaliente el horno a 250º C.

3 Unte con una cucharada de mantequilla una fuente de horno grande. Cubra la base con una capa de rebanadas de pan y humedézcala con tres cucharadas de caldo. Cúbrala con una capa de col. Corte dos cucharadas de mante-

quilla en trocitos y espárzala por encima de la col. Recúbrala con las rodajas de queso.

4 Siga colocando en capas alternas el pan, el caldo, la col, la mantequilla y el queso, acabando con una capa de rebanadas de pan. Vierta el caldo restante sobre el pan y ponga por encima trocitos de mantequilla.

5 Métalo en la parte superior del horno unos 20 o 30 minutos, hasta que la superficie del pan esté bien dorada. Salpiméntelo.

Vino: un vino blanco seco, como el Soave del Véneto, va bien con esta sopa.

Minestra di patate e carote

Fácil • Trentino

Sopa de patata y zanahoria

Para 6 u 8 personas

400 g de patatas
400 g de zanahorias
2 ramas de apio
1 cebolla grande
30 g de mantequilla
2 litros de caldo de pollo
Sal
100 g de ditalini u otra pasta corta
1 diente de ajo
4 hojas de salvia
1 cucharada de aceite de oliva virgen
Pimienta negra recién molida
80 g de parmesano recién rallado

Tiempo de preparación: 1 1/4 hora

820 kJ/200 calorías por ración (si es para 8 personas)

1 Pele, lave las patatas y cuartéelas. Pele las zanahorias y córtelas en trozos. Pele las hebras del apio, lávelo y córtelo en trozos de 2 cm de largo. Pele la cebolla y píquela finamente.

2 Funda la mantequilla en una cazuela grande, añada la cebolla y saltéela hasta que esté transparente. Añada las patatas, las zanahorias y el apio. Cubra la cazuela y remueva las verduras en la mantequilla caliente. Vierta el caldo, sazónelo con sal y cuézalo tapado, a fuego medio unos 25 o 30 minutos.

3 Retire las verduras del caldo con una espumadera. Hágalas puré en un pasapurés o en una batidora y vuelva a ponerlas en la cazuela.

4 Vuelva a dar un hervor a la sopa, remuévala e incorpore el puré hasta que se mezcle todo bien, luego añada la pasta y cueza todo a fuego lento hasta que la pasta esté *al dente*.

5 Pele y pique finamente el ajo y lave las hojas de salvia. Caliente el aceite en una sartén pequeña, añada el ajo y la salvia y fríalos un momento, cuidando de que el ajo no se queme. Viértalo en la sopa removiéndola y salpiméntelo. Sírvalo junto con el queso parmesano y, si lo desea, con pan crujiente.

Vino: un vino delicado seco de Friul, como el Sauvignon, es una elección excelente para acompañar a este plato de patatas y zanahorias.

Arancini di riso

Albóndigas rellenas de arroz

Para unas 16 albóndigas

500 g de arroz arborio u otro tipo
de arroz para **risotto** (redondo)
Sal
125 mg de azafrán en polvo
2 huevos
50 g de queso parmesano
recién rallado
1 pechuga de pollo pequeña
deshuesada
1 cebolla pequeña
1 zanahoria pequeña
1 rama pequeña de apio
30 g de perejil
100 g de mozzarella
3 cucharadas de aceite de oliva,
aceite de girasol o
aceite vegetal para freír
1 guindilla
150 g de carne de vacuno picada
6 cucharadas de tomate triturado
100 g de guisantes frescos pelados
o congelados
20 cl de caldo de carne
Pimienta blanca recién molida
80 g de pan rallado
2 cucharadas de harina

Tiempo de preparación: 2 horas

**1000 kJ/240 calorías por cada
albóndiga de arroz**

1 En un cazo, dé un hervor a 1 1/4 litro de agua salada. Añada el arroz y cuézalo a fuego lento unos 15 minutos, removiéndolo frecuentemente hasta que se absorba toda el agua y el arroz quede tierno pero firme. Hacia el final de la cocción, disuelva el azafrán en 3 cucharadas de agua caliente y viértalo sobre el arroz. Bata un huevo, y añádalo al arroz junto con el queso parmesano rallado y deje que se enfríe.

2 Lave y seque la pechuga de pollo y córtela en cubos pequeños. Pele la cebolla y, con un cuchillo, quite la piel de la zanahoria raspándola. Corte los extremos del apio, lávelo y pele las hebras. Pique toda la verdura en trocitos. Lave el perejil, sacúdalo para que se seque y píquelo finamente. Corte el mozzarella en 32 dados.

3 Caliente el aceite de oliva en una sartén grande. Saltee la cebolla hasta que esté transparente. Añada la zanahoria, el apio y la guindilla entera y fríalo un momento. Eche la mitad del perejil, el pollo cortado en dados y la carne picada, sazónelo con sal y saltéelo unos 5 minutos.

4 Añada los tomates triturados y los guisantes. Cubra la sartén y cuézalos a fuego medio entre 15 y 20 minutos. Según se vaya evaporando el líquido, vaya añadiendo caldo poco a poco. Espolvoree la mezcla con el resto del perejil picado y siga cocinándolo, removiéndolo frecuentemente, hasta que la masa espese. Quite la guindilla.

5 Bata el segundo huevo en un cuenco, y salpiméntelo ligeramente. Ponga el pan rallado en un plato llano.

6 Forme con el arroz una bola que quepa en su mano. Haga un agujero en el centro con su dedo índice y rellénelo con la mezcla de carne y verduras y con dos dados de mozzarella (arriba). Luego cierre el agujero con un poco más de arroz y forme una bola. Espolvoréela ligeramente con harina. Haga 15 bolas más de la misma forma.

7 Pase cada bola por el huevo batido, luego rebócela en el pan rallado (abajo) y después colóquela cuidadosamente en un plato.

8 Caliente abundante aceite de girasol en una sartén. Fría las bolas de arroz en tandas, unas pocas cada vez, hasta que se doren bien por todos los lados. Luego déjelas escurrir un momento el exceso de aceite sobre un papel de cocina y colóquelas en una fuente de servir. Sírvalas muy calientes.

Vino: un vino blanco seco con un generoso buqué, como el Etna siciliano, va bien con los *arancini*.

Risotto nero alla fiorentina

Arroz con calamares en su tinta

Para 4 personas

**500 g de acelgas, espinacas
o jaramago • Sal
500 g de jibias o de sepias,
con sus saquitos de tinta
1 cebolla mediana
1 diente de ajo
4 cucharadas de aceite de oliva
virgen • 1 guindilla fresca
1/4 de litro de vino blanco seco
300 g de arroz arborio u otro tipo
de arroz redondo
30 g de perejil liso**

Tiempo de preparación: 1 1/2 hora

2200 kJ/520 calorías por ración

1 Lave las acelgas, quíteles los tallos y las estrías. Si usa espinacas o jaramago, lávelos y quíteles los tallos. Dé un hervor a 1/2 litro de agua salada y escalde las hojas. Escúrralas en un cuenco, reservando el agua de cocción, seque las hojas y píquelas finamente.

2 Lave las jibias o las sepias (p. 36, paso 1), reservando los sacos de tinta. Corte la bolsa y los tentáculos en tiras. Pique finamente la cebolla y el ajo.

3 Caliente 3 cucharadas de aceite en una cazuela, y saltee el ajo y la cebolla hasta que esté transparente. Eche la guindilla entera y las jibias, y saltéelas hasta que se pongan ligeramente marrones. Añada el vino y sazónelo con sal, cúbralo y cuézalo a fuego medio unos 10 minutos. Añada las acelgas y cuézalo unos minutos más.

4 Pinche los sacos de tinta y añádala al cazo. Cueza otros 10 minutos (si lo de-

sea, retire la guindilla en este momento). Eche el arroz y remuévalo, luego añada un poco del agua donde hirvieron las acelgas. Cuézalo unos 15 o 20 minutos, removiéndolo constantemente y añadiendo el agua gradualmente, hasta que el líquido se haya absorbido y el arroz esté tierno pero no seco.

5 Lave, seque y pique el perejil y espárzalo por encima del risotto. Vierta por encima el aceite restante y sírvalo.

Vino: escoja para este plato un vino blanco seco, como el Grave del Friul o un Vermentino de Liguria.

Nota: para este plato se utilian jibias, pero puede usar calamares.

Risotto ai fruti di mare

Elaborada • Venecia

Arroz con marisco

Para 4 personas

700 g de mejillones frescos
5 cucharadas de aceite de oliva
2 dientes de ajo
320 g de gambas frescas sin pelar o
250 g de gambas peladas
300 g de calamares frescos
o congelados
1 cebolla pequeña
12,5 cl de vino blanco seco
3 cucharadas de brandy
300 g de arroz arborio u otro tipo
de arroz redondo
Sal
Pimienta recién molida
30 g de perejil liso

Tiempo de preparación: 1 1/4 hora

2600 kJ/620 calorías por ración

1 Lave los mejillones (ver p. 36, paso 3), asegurándose de que las conchas estén cerradas. Hierva 1/4 de litro de agua con una cucharada de aceite y un diente de ajo pelado. Eche los mejillones, cúbralos y cuézalos a fuego fuerte hasta que se abran y tire aquellos que permanezcan cerrados. Reserve 8 mejillones para la decoración, y pele el resto. Cuele el líquido a un cuenco a través de un tamiz fino y resérvelo.

2 Si utiliza gambas sin pelar, lávelas y pélelas. Haga una pequeña incisión por la espalda para retirar los intestinos (la venilla negra). Limpie los calamares (ver p. 36, paso 1), tirando todo excepto las bolsas y los tentáculos. Córtelos en tiras de 1 cm de grosor.

3 Pele la cebolla y el otro diente de ajo y píquelos finamente. Caliente 3 cucharadas de aceite en una cazuela, añada la cebolla y el ajo y saltéelos hasta que

estén transparentes. Añada los calamares y dórelos ligeramente. Vierta el vino, cúbralo y cuézalo unos 10 minutos, hasta que el vino se haya evaporado.

4 Mientras tanto, en un sartén, caliente la cucharada de aceite restante, añada las gambas y fríalas a fuego lento de 2 a 4 minutos, dependiendo del tamaño.

5 Añada el arroz a la cebolla y a los calamares en la cazuela. Removiéndolo constantemente, cuézalo de 15 a 20 minutos, añadiendo gradualmente el caldo de los mejillones y, cuando éste se acabe, agua caliente; salpiméntelo. Por último, añada las gambas y los mejillones, y cuézalo a fuego lento unos 5 minutos más. El arroz debe quedar jugoso y tierno pero firme.

6 Lave, seque y pique el perejil. Espárzalo sobre el arroz y decórelo con los mejillones reservados.

Risotto alla milanese

Elaborada · Milán

Arroz a la milanesa

Para 4 personas

1 litro de caldo de carne
1 hueso de tuétano
1 cebolla pequeña
100 g de mantequilla
400 g de arroz arborio u otro tipo
de arroz redondo
12,5 cl de vino blanco
Sal
125 mg de azafrán en polvo
3 cucharadas de nata
Pimienta negra recién molida
100 g de queso parmesano recién
rallado

Tiempo de preparación: 40 minutos

3000 kJ/710 calorías por ración

1 Hierva el caldo de carne con el hueso de tuétano unos 5 minutos. Pele y pique finamente la cebolla. Derrita la mitad de la mantequilla en un cazo y saltee la cebolla a fuego lento hasta que se ablande y se dore ligeramente.

2 Añada el arroz a la cebolla y remuévalo hasta que los granos se pongan transparentes. Vierta el vino y cuézalo hasta que se evapore. Añada poco a poco el caldo caliente y cuézalo, destapado, a fuego medio unos 10 minutos removiendo frecuentemente y sazónelo.

3 Disuelva el azafrán en 3 cucharadas de caldo y añádalo al arroz. Saque el tuétano del hueso, aplástelo con una cuchara, añádalo al arroz y remuévalo todo bien. Siga cociéndolo a fuego medio durante otros 5 minutos, removiéndolo constantemente y añadiendo más caldo si fuera necesario. El arroz debe estar tierno pero firme.

4 Eche la nata y la mantequilla restante en el arroz cocido y remuévalo todo bien. Sazónelo con pimienta y sírvalo enseguida acompañado del queso parmesano rallado.

Vino: un vino tinto joven, como el Barbera de la región de Piamonte, va bien con este plato.

El arroz

Su cultivo se extendió al sur de Europa proveniente de la India y Oriente en época medieval, pero no se estableció firmemente en Italia hasta el siglo XVI. En el XIX el grano (en un tiempo prescrito como «dieta ligera» para los enfermos) se convirtió en la comida favorita de la clase alta, y fue la causa de la mejora radical de las economías locales de Turín y Milán. Hoy día Italia es el mayor productor europeo de arroz, cultivado casi todo en las húmedas llanuras aluviales del valle del Po, Lombardía y Piamonte, incluyendo zonas cercanas a Novara y Vercelli (en la fotografía).

A las plantas del arroz les gusta el agua y el calor. En primavera, en el valle del Po, los plantones jóvenes se transplantan de los semilleros a los arrozales inundados artificialmente, y permanecen parcialmente sumergidos durante toda la época de crecimiento. Durante el verano el arroz se cosecha, se seca, se trilla y se procesa. En Italia los arroces de grano redondo y media-no se llaman arroz común, semifino y fino. Del último, el arborio y el viaione son los mejores para el *risotto*, la forma más corriente de cocer el arroz en el norte de Italia. Debido a su alto grado de almidón los granos se inflan en la cocción, aumentando unas 3 veces su tamaño, pero quedando firmes.

Ravioli al burro

Raviolis con mantequilla rellenos de espinacas   *Para 4 o 6 personas*

Para la masa:
400 g de harina
4 huevos
Sal
1 cucharada de aceite de oliva

Para el relleno:
500 g de espinacas frescas
30 g de perejil
1 huevo
300 g de requesón
100 g de queso parmesano recién rallado
Sal
Nuez moscada rallada
Pimienta negra recién molida

Para servir:
100 g de mantequilla
8 hojas de salvia
50 g de queso parmesano recién rallado
Pimienta negra recién molida

Tiempo de preparación: 2 horas

2900 kJ/690 calorías por ración
(si es para 6 personas)

1 Sobre una superficie plana, o la mesa de trabajo, forme un montón con la harina. Haga un agujero en el centro, casque dentro los huevos (o bátalos en un cuenco y luego viértalos) y añada sal. Incorpore poco a poco la harina de alrededor y, con ayuda de sus manos, forme una masa añadiendo un poco de agua. Incorpore el aceite para hacer la masa más elástica y trabájela enérgicamente. Forme una bola, cúbrala con un paño espolvoreado de harina y déjela reposar unos 15 minutos.

2 Mientras tanto, haga el relleno. Limpie y corte los extremos de las espinacas. Ponga un cazo con agua salada, llévela a punto de ebullición y cueza las espinacas a fuego fuerte unos tres minutos. Escúrralas, enjuáguelas en agua fría, estrújelas para que se sequen y píquelas finamente. Lave el perejil, sacúdalo para que se seque bien y píquelo finamente. Bata el huevo en un recipiente, añada las espinacas, el perejil, el requesón y el parmesano. Sazónelo con sal, nuez moscada y pimienta. Mézclelo muy bien.

3 Divida la bola de masa a la mitad y extienda ambas sobre una mesa de trabajo espolvoreada de harina hasta obtener dos láminas finas. Empleando una rueda de pasta italiana, corte la pasta en tiras de 5 cm de ancho.

4 Con la ayuda de dos cucharitas, coloque bolas de relleno del tamaño de una avellana en la mitad de las tiras a intervalos de 5 cm (arriba, a la izquierda).

5 Humedezca los espacios intermedios con agua, y coloque las tiras de masa restantes por encima. Con la yema de los dedos, presione suavemente para que el relleno quede bien cerrado dentro (arriba a la derecha), y luego córtelo en cuadrados. Extienda los raviolis sobre un paño espolvoreado de harina y déjelos que se sequen un poco.

6 En una cazuela grande, hierva 3 litros de agua salada. Eche los raviolis en tandas pequeñas, vuelva a poner el agua al fuego y cuézalos luego a fuego lento entre 3 y 5 minutos. Saque los raviolis del agua con una espumadera, escúrralos bien y colóquelos en una fuente de servir caliente.

7 Funda la mantequilla en un cazo pequeño junto con 4 hojas de salvia. Vierta la mantequilla por encima de los raviolis, espolvoréelos con queso parmesano rallado y decórelos con las hojas de salvia restantes. Sazónelos con pimienta y sírvalos calientes.

Vino: pruebe un vino blanco ligero como el Pinot Grigio de Friul o el Orvieto de Umbría.

Lasagne verdi al forno

Lasaña verde

Compleja • Emilia-Romaña

Para 4 o 6 personas

Para la masa:
100 g de espinacas frescas
300 g de harina
2 cucharadas de aceite de oliva
3 huevos • Sal

Para la salsa de carne:
Ver receta siguiente

Para la salsa bechamel:
70 g de mantequilla
2 o 3 cucharadas de harina
3/4 de litro de leche
Nuez moscada rallada • Sal
50 g de queso parmesano rallado
30 g de mantequilla

Tiempo de preparación: 2 1/2 horas

3400 kJ/810 calorías por ración
(si es para 6 personas)

1 Limpie y lave las espinacas. Métalas en una cazuela tapada y cuézalas al vapor un momento con el agua que se haya quedado adherida a las hojas. Escúrralas para que se sequen y píquelas.

2 Prepare la masa tal y como se describe en la p. 55, paso 1, añadiendo las espinacas junto con los huevos y, si lo desea, el aceite al amasar. Cúbrala con un paño y déjela reposar 30 minutos.

3 Mientras, haga la salsa de carne según los pasos 1, 2 y 3 de la siguiente receta.

4 Prepare la salsa bechamel: funda la mantequilla en un cazo y eche la harina removiendo. Vierta la leche poco a poco removiendo constantemente. Sazónelo con nuez moscada y sal. Déle un hervor y siga cociéndola sin dejar de batir.

5 Extienda la masa, dándole un grosor de 2 mm y hágala rectángulos. Ponga 3 litros de agua con unas gotas de aceite a hervir y cueza la pasta, hasta que flote en la superficie. Sáquela, escúrrala y extiéndala sobre un paño húmedo.

6 Precaliente el horno a 180° C. Unte con mantequilla una fuente, coloque una capa de lasaña como base, cúbrala con salsa de carne, luego con una capa fina de bechamel y espolvoree todo con el parmesano. Repita las distintas capas hasta que se acaben todos los ingredientes, terminando en la capa superior con el parmesano rallado. Ponga por encima trocitos de mantequilla y cuézala en el horno unos 30 minutos.

Nota: para esta receta, puede utilizar hojas de lasaña ya preparadas.

Tagliatelle al ragú

Tagliatelle con salsa de carne

Fácil • Bolonia

Para 4 personas

15 g de perejil • Sal •1 cebolla
50 g de jamón prosciutto o de york
50 g de lonchas de panceta de cerdo ahumado • 2 zanahorias
50 g de mantequilla • 400 g de carne de vacuno picada • 12,5 cl de vino tinto • 12,5 cl de caldo de carne
500 g de tomates frescos o de lata
1 hoja de laurel • Pimienta
1 rama de apio • 1/4 de litro de leche • 400 g de tagliatelle al huevo
1/4 de cucharadita de aceite
60 g de queso parmesano rallado

Tiempo de preparación: 1 1/2 hora

4000 kJ/950 calorías por ración

1 Pele y pique finamente la cebolla. Limpie, lave y pique finamente las zanahorias y el apio. Corte el *prosciutto* o el jamón de york y la panceta en dados.

2 Funda la mantequilla en una cazuela, añada la cebolla, el jamón y la panceta de cerdo y saltéelos un momento para que se ablanden, removiéndolos constantemente. Eche las zanahorias, el apio y el perejil y déjelos cocer entre 8 y 10 minutos. Añada la carne picada y dórela ligeramente. Añada el vino, cubra la cazuela y cuézalo todo a fuego fuerte hasta que se evapore el líquido. Vierta el caldo y siga cociendo y removiendo para mezclar los ingredientes.

3 Si usa tomates frescos, escáldelos en agua hirviendo para quitarles las pieles. Píquelos, añádalos a la cazuela con la hoja de laurel y salpiméntelos. Cúbralos y cuézalos a fuego lento unos 20 minutos, hasta que la salsa comience a espesarse. Vierta la leche, remuévalo y cuézalo a fuego lento otros 10 minutos hasta que se absorba la leche.

4 Ponga a hervir agua con sal en una cazuela grande, añada el aceite y cueza la pasta *al dente*. Escurra y coloque los *tagliatelle* en un recipiente caliente. Cúbralos con la salsa de carne y sírvalos enseguida, poniendo en un cuenco, por separado, el parmesano rallado.

Tortellini mare-orto

Sencilla • Emilia-Romaña **Tortellini con salsa de verduras y gambas** *Para 4 personas*

2 calabacines
100 g de jaramago
Sal
100 g de guisantes frescos pelados
o congelados
50 g de mantequilla
250 g de gambas cocidas y peladas
4 cl de grappa
12,5 cl de nata
1/4 de cucharadita de aceite
500 g de tortellini rellenos
de champiñones
20 g de eneldo
Pimienta blanca

Tiempo de preparación:
30 minutos

3000 kJ/710 calorías
por ración

1 Lave los calabacines y córteles los extremos. Pique finamente el jaramago. Ponga agua con sal en una cazuela y déle un hervor. Si utiliza guisantes frescos, hiérvalos de 5 a 10 minutos; si usa guisantes congelados, cuézalos hasta que el agua vuelva a hervir. Añada los calabacines y el jaramago y cuézalos otros 2 minutos. Escurra todo bien.

2 Funda la mantequilla en una sartén. Añada los guisantes, los calabacines y el jaramago. Una vez pasados 5 minutos, añada las gambas y el grappa y remuévalo bien. Cúbralo y cuézalo a fuego medio 5 minutos, removiéndolo de vez en cuando. Por último, eche la nata y remueva.

3 Ponga a cocer agua en una cazuela y cueza los *tortellini* con un poco de aceite hasta que estén *al dente*. Mientras tanto, lave y pique finamente el eneldo.

4 Escurra los *tortellini* en un colador, póngalos en un recipiente caliente con la salsa de verduras y mézclelo todo

bien. Salpiméntelo, espolvoréelo con el eneldo y sírvalo enseguida.

Vino: un Verdicchio blanco y seco de Las Marcas sería una buena elección.

Variante:
Tortellini al prosciutto e panna
(*Tortellini* con jamón y nata)
Cueza 500 g de *tortellini* rellenos de carne en agua salada con unas gotas de aceite de oliva y una hoja de salvia, hasta que estén *al dente*. Funda 4 cucharadas de mantequilla en una sartén. Añada 100 g de jamón cortado en dados y saltéelo brevemente. Vierta 1/4 de litro de nata, cuézalo a fuego lento 5 minutos, salpiméntelo y añádale un pellizco de nuez moscada. Escurra los *tortellini* y mézclelos con la salsa, añada 100 g de queso parmesano recién rallado y remuévalo. Sírvalo caliente.

Nota: los *tortellini* se pueden comprar frescos, empaquetados al vacío o congelados, y con muchos rellenos. Esta salsa se puede servir con *tagliatelle*.

El jaramago

El jaramago, ruqueta o balsamita, es una verdura de ensalada muy cultivada en el área mediterránea, y en Italia se puede comprar fácilmente en días de mercado. Es una planta aromática de crecimiento rápido, y sus hojas, parecidas a las del diente de león, tienen un característico sabor a nuez. Las plantas se siembran en primavera y crecen hasta alcanzar una altura de 75 cm. Las primeras hojas se pueden arrancar ya a los dos meses, y después se pueden cosechar durante casi todo el año.

A excepción de sus flores blancas y rojas, que se abren entre mayo y julio, toda la planta es comestible. Las hojas jóvenes y tiernas se usan en ensaladas. Si se cocina, las hojas más oscuras, algo amargas, le dan un sabor picante, a especia, a los platos de arroz y pasta. Machacadas con queso parmesano y piñones las hojas son una variante interesante del tradicional *pesto* genovés (p. 64). Las raíces son especialmente ricas en vitaminas y minerales y las semillas, ricas en aceite, se pueden utilizar para aliñar igual que las semillas de mostaza.

En comparación con otras verduras de ensalada el jaramago es relativamente caro en Italia, pero crece rápido y es fácil de cultivar. Mucha gente siembra las semillas en el jardín o en macetas.

Farfalle al Gorgonzola

Fácil y rápida · Lombardía

Farfalle con salsa de queso gorgonzola

Para 4 personas

Sal
1/4 de cucharadita de aceite
1 hoja de salvia
400 g de farfalle (pasta en forma de mariposa)
150 o 200 g de queso gorgonzola suave
50 g de mantequilla
1/4 de litro de nata
Pimienta blanca recién molida
50 g de queso rallado parmesano

Tiempo de preparación: 30 minutos

3400 kJ/810 calorías por ración

1 Ponga a cocer una cazuela grande con agua salada, añada el aceite y la hoja de salvia, y cueza la pasta hasta que esté *al dente*.

2 Mientras se esté cociendo la pasta, corte el gorgonzola en dados. Funda la mantequilla en un cazo grande, eche el gorgonzola y fúndalo lentamente. Añada la nata poco a poco, removiendo constantemente. Salpimente, siga cociendo y remueva la salsa durante unos 5 minutos hasta que se espese y adquiera una consistencia cremosa, en caso de que quedara demasiado espe-

sa, añada un poco del agua de cocción de la pasta. Añada una o dos cucharas de queso parmesano rallado.

3 Escurra la pasta bien y échela en la salsa de queso gorgonzola, mezclándola bien hasta que esté completamente unida. Retire la hoja de salvia, eche la pasta en un recipiente caliente y sírvala inmediatamente, sirviendo el parmesano restante por separado.

Vino: un vino tinto claro (por ejemplo, un Valpolicella de la zona de Verona) es un acompañamiento apropiado.

Rigatoni al sugo di noci

Fácil · Liguria

Rigatoni con salsa de nueces

Para 4 personas

170 g de nueces peladas
1 cucharada de piñones
50 g de mantequilla
1 diente de ajo
Sal
1/4 de cucharadita de aceite
100 g de queso parmesano recién rallado
Pimienta blanca recién molida
30 g de albahaca
Aceite de oliva virgen (opcional)

Tiempo de preparación: 45 minutos

3700 kJ/880 calorías por ración

1 Escalde las nueces un momento en agua hirviendo para que se ablanden las pieles, luego pélelas. Reserve 10 mitades de nuez para la decoración. Con la ayuda de un mortero, o con una picadora, triture el resto de las nueces junto con los piñones.

2 Funda la mantequilla en una sartén pequeña. Eche los frutos secos triturados y saltéelos entre 4 y 5 minutos, removiéndolos constantemente. Pele el diente de ajo y póngalo dos minutos en remojo para que pierda su fuerte sabor. Luego lamínelo finamente y añádalo a la mezcla de nueces y piñones.

3 Ponga a cocer una cazuela grande con agua salada, añada 1/4 de cucharadita de aceite y cueza la pasta hasta que esté *al dente*.

4 Vierta la mantequilla de nueces y piñones en un cuenco de servir caliente. Eche la mitad del queso parmesano, un poco del agua de cocción de la pasta y salpiméntelo.

5 Lave y seque las hojas de albahaca. Escurra la pasta en un colador, añádala al cuenco de servir y mézclela bien con la salsa de nueces y piñones. Decórelo por encima con las mitades de nuez reservadas y con las hojas de albahaca y, si lo desea, rocíelo con un poco de aceite de oliva. Sírvalo con el resto del queso parmesano puesto en un cuenco por separado.

Nota: la salsa de nueces también es apropiada para los *tagliatelle* o raviolis. Para que la salsa quede más suave, puede añadir 2 cucharadas de nata.

Pasta con le sarde

Elaborada · Sicilia   **Pasta con sardinas e hinojo**   *Para 4 personas*

400 g de sardinas frescas
Sal
250 g de bulbos de hinojo
(o 2 manojos de eneldo)
1 cebolla
8 cucharadas de aceite de oliva
virgen
3 filetes de anchoa de lata en aceite
4 cucharadas de piñones
4 cucharadas de pasas sultanas
Pimienta recién molida
125 mg de azafrán en polvo
400 g de bucatini o macarrones

Tiempo de preparación: 1 1/4 hora

3500 kJ/830 calorías por ración

1 Limpie y quite las espinas de las sardinas, corte las cabezas y tírelas. Lávelas en agua salada y séquelas.

2 Lave y limpie el hinojo, y reserve unas pocas hojas para la decoración. Ponga a cocer 2 litros de agua y cueza el hinojo de 10 a 15 minutos. Escúrralo, reserve el agua de cocción y córtelo en trozos pequeños.

3 Pele y pique finamente la cebolla. Caliente 5 cucharadas de aceite de oliva en una sartén y saltee la cebolla hasta que quede transparente. Añada los filetes de anchoa escurridos y la mitad de las sardinas, aplastándolas con una cuchara de madera. Añada el hinojo, los piñones y las pasas. Sazónelo con sal, pimienta y el azafrán. Añada un poco

del agua de cocción del hinojo para humedecer la mezcla y cuézala a fuego lento unos 15 minutos.

4 Precaliente el horno a 200º C. Ponga a cocer una cazuela grande con abundante agua salada, añada unas gotas de aceite y cueza la pasta hasta que esté al dente.

5 En una sartén, caliente el aceite restante y fría las sardinas reservadas unos 2 minutos por cada lado y salpiméntelas. Escurra la pasta y coloque en una fuente de horno capas alternas de pasta y de salsa. En la parte superior ponga las sardinas fritas. Cúbralo y cuézalo en el horno entre 10 y 15 minutos. Sírvalo decorado con las hojas de hinojo reservadas.

Penne all'arrabbiata

Fácil · Lacio   **Penne con salsa de guindilla**   *Para 4 personas*

100 g de panceta entreverada de
cerdo ahumada
200 g de champiñones botón
o boletos
400 g de tomates maduros o de lata
2 dientes de ajo
1/4 de cucharadita de aceite
400 g de penne
50 g de mantequilla
2 guindillas secas pequeñas
6 u 8 hojas de albahaca
50 g de queso pecorino recién
rallado · Sal

Tiempo de preparación: 45 minutos

2800 kJ/670 calorías por ración

1 Corte la panceta en tiras finas y cortas. Limpie y lave los champiñones. Si utiliza tomates frescos, quíteles la piel y las semillas (p. 41, paso 3), o escúrralos si son de lata, y corte la pulpa en dados. Pele y lamine los ajos.

2 Ponga a cocer una cazuela grande con abundante agua salada, eche el aceite y cueza la pasta hasta *al dente*.

3 Mientras, funda la mantequilla en una sartén grande especial para saltear, añada la panceta y los ajos y dórela ligeramente. Añada los champiñones y, removiendo constantemente, saltéelo de 5 a 6 minutos. Añada los tomates y

las guindillas enteras. Sazónelo con sal, tápelo y cuézalo a fuego medio unos 15 minutos, añadiendo un poco del agua de cocción de la pasta para que la mezcla no quede seca.

4 Escurra los *penne* muy bien y échelos a la sartén. Mezcle la pasta y la salsa. En este momento se pueden retirar las guindillas. Lave y seque las hojas de albahaca, y utilícelas para decorar los *penne*. Sírvalos directamente en la sartén, acompañadas por el queso pecorino rallado en un cuenco aparte.

Nota: el sabor picante de la salsa depende del tipo de guindilla que utilice.

Linguine al pesto genovese

Fácil • Génova **Linguini con pesto**   *Para 4 personas*

2 dientes de ajo
Sal
100 g de albahaca
1 guindilla (opcional, ver Glosario)
1 cucharada de piñones
**2 cucharadas de queso parmesano
y de pecorino recién rallados**
10 cl de aceite de oliva virgen
2 patatas nuevas pequeñas
**400 g de pasta linguine u otro tipo
parecido**

Tiempo de preparación: 30 minutos

2800 kJ/670 calorías por ración

1 Pele los ajos y trocéelos, póngalos en un mortero con un poco de sal y májelos hasta que estén bien molidos.

2 Lave la albahaca y séquela. Quítele los tallos y trocee las hojas. Si utiliza la guindilla, córtela por la mitad a lo largo, retire las semillas y córtela en rodajas finas. Añada al mortero los piñones, la albahaca y la guindilla y machaque todo hasta formar una pasta.

3 Todavía en el mortero, mezcle el queso parmesano y el pecorino. En caso de que su mortero sea pequeño, puede trasladar la mezcla a un cuenco más grande. Añada el aceite muy poco a poco y siga removiendo todo hasta que esté bien mezclado y el pesto adquiera una consistencia cremosa.

4 Pele las patatas, córtelas en trozos y cuézalas en una cazuela con agua salada unos 10 minutos. Añada la pasta a la cazuela y cuézala hasta que esté *al dente.*

5 Escurra las patatas y la pasta en un colador y colóquelas en un recipiente caliente. Añada el pesto y mézclelo rápidamente hasta que esté perfectamente unido. Sírvalo en seguida.

Vino: sírvalo con un vino blanco seco y ligero, como el Vermentino de Liguria.

Nota: una forma menos auténtica pero más rápida de hacer el pesto es meter todos los ingredientes en una trituradora o en una picadora hasta obtener una pasta cremosa.

La albahaca

La albahaca fue llevada a Egipto desde la India hace 4000 años, y desde ahí llegó a Roma y el resto de los países del sur de Europa. Es un ingrediente esencial de la cocina italiana, y muchos cocineros la consideran la reina de las hierbas (el nombre de albahaca viene del griego *basilikós,* que quiere decir «real, regio»). Además de su reputación culinaria, desde antiguo se ha considerado que tiene poderes curativos. Se dice que es tónica y tranquilizante, que cura los calambres y estimula los apetitos estropeados.

Planta esencialmente de verano que ama el calor, la albahaca crece en maceteros gigantes, escalinatas o terrazas de las casas italianas. El sabor dulzón y apimentado de la albahaca dulce, variedad más utilizada, da un sabor inusual a la salsa de tomate, los platos de carne y las sopas, y es la base del clásico *pesto* de Liguria (ver la página anterior). La mejor época para coger las hojas es justo antes de florecer o mientras florecen. Entonces la planta acumula la mayor concentración de su aromático y embriagador aceite. La albahaca seca es un pobre sustituto, por lo que los italianos prefieren conservar las hojas en aceite. Como alternativa se pueden congelar (aunque las hojas se oscurecen) y también cultivar en las ventanas.

Spaghetti al tonno

Espaguetis con salsa de atún

Rápida y fácil · Sicilia

Para 4 personas

150 g de bonito de lata en aceite
4 filetes de anchoa de lata en aceite
30 g de perejil
2 dientes de ajo
400 g de tomates maduros
o de tomates de lata
3 cucharadas de aceite de oliva
1 guindilla fresca
Sal
400 g de espaguetis
2 cucharadas de alcaparras
4 o 6 hojas de albahaca

Tiempo de preparación: 30 minutos

2300 kJ/550 calorías por ración

1 Escurra el aceite del bonito y desmigájelo con la ayuda de un tenedor. Enjuague las anchoas bajo el chorro de agua fría y séquelas bien. Lave el perejil, séquelo y píquelo finamente. Pele y lamine finamente los ajos. Si utiliza tomates frescos, quíteles la piel y las semillas (ver p. 41, paso 3). Escurra los tomates, en caso de que sean de lata, y píquelos finamente.

2 Caliente el aceite en un cazo. Añada los ajos y la guindilla entera, y saltéelos un momento. Aplaste los filetes de anchoa con un tenedor, añádalos al cazo y remuévalo todo bien. Añada los tomates y el perejil picado. Sazónelo con un poco de sal, tape el cazo y cuézalo a fuego medio entre 10 y 15 minutos.

3 Mientras tanto, ponga una cazuela grande con abundante agua salada a cocer. Eche una gotas de aceite y cueza la pasta hasta que esté *al dente*.

4 Mientras se cuece la pasta, mezcle el bonito y las alcaparras en la salsa. Suavice la salsa con un poco del agua de cocción de la pasta, tápela y cuézala a fuego lento durante unos 5 minutos hasta que la salsa espese ligeramente. Retire la guindilla.

5 Escurra los espaguetis en un colador y mézclelos con la salsa caliente. Trasládelos a un cuenco de servir caliente. Decórelo con las hojas de albahaca y, si lo desea, rocíe la pasta con un poco de aceite justo antes de servirla.

Spaghetti alla carbonara

Espaguetis a la carbonara

Rápida y fácil · Lacio

Para 4 personas

150 g de panceta de cerdo sin corteza, o de bacon entreverado
1 cucharada de aceite de oliva
30 g de mantequilla
400 g de espaguetis
4 yemas de huevo
2 cucharadas de nata agria
100 g de queso parmesano recién rallado
Sal
Pimienta negra recién molida
Nuez moscada recién rallada

Tiempo de preparación: 30 minutos

3300 kj/790 calorías por ración

1 Corte la panceta en dados pequeños. Caliente el aceite y la mantequilla en un cazo. Fría la panceta de cerdo a fuego lento hasta que suelte la grasa.

2 Cueza abundante agua salada en una cazuela grande, eche una gotas de aceite y cueza los espaguetis *al dente*.

3 Mientras tanto, ponga las yemas en un cuenco y bátalas hasta que estén espumosas. Mezcle la nata agria y la mitad del queso parmesano. Sazone con sal, pimienta y nuez moscada rallada.

4 Escurra los espaguetis en un colador y añádalos al cazo donde está la panceta. Mézclelo todo bien un momento, luego retire el cazo del fuego. Mezcle rápidamente con los espaguetis la mezcla de huevo, sazónelo con pimienta y sírvalo enseguida. Sirva en un cuenco, por separado el queso parmesano.

Nota: éste es un plato clásico, pero también hay variantes. La nata agria se puede omitir o reemplazar por nata fresca. E incluso se puede añadir a la panceta cebolla muy picada. Para que los huevos no se cuajen y la salsa permanezca cremosa, la mezcla de huevo se debe incorporar muy rápido y fuera del fuego. Se puede añadir un poco más de crema en caso necesario.

Gnocchi di patate

Elaborada • Trentino **Ñoquis de patata** **Para 4 personas**

1 kg de patatas harinosas
Sal
1 huevo más la yema de otro
150 g de harina
200 g de requesón ahumado o sin
ahumar (ricotta)
150 g de mantequilla
6 u 8 hojas de salvia
Nuez moscada recién rallada
Pimienta negra recién molida
50 g de queso parmesano recién
rallado

Tiempo de preparación: 2 horas

3300 kJ/790 calorías por ración

1 Hierva las patatas en agua salada hasta que estén tiernas. Escúrralas y pélelas. Aplástelas o hágalas puré con un pasapurés y deje que se enfríen.

2 Añada al puré de patatas un huevo, la yema del otro, algo de sal y amáselo todo en una tabla lisa de madera usando la suficiente harina como para obtener una masa suave y fácil de trabajar. Para que la masa no se pegue a los dedos, enharine bien las manos y la tabla.

3 Divida la masa en trocitos pequeños. Con las manos espolvoreadas de harina dé a cada trozo la forma de un cilindro del tamaño de un dedo. Corte cada cilindro en trozos de 2 o 3 cm de largo (arriba) y espolvoree cada trozo con un poco de harina.

4 Ponga a cocer una cazuela con abundante agua salada, deje caer los ñoquis en el agua en tandas pequeñas. Cubra la olla y cuézalos a fuego lento entre 3 y 5 minutos. Los ñoquis deben flotar en la superficie cuando estén hechos.

5 Mientras tanto, corte el requesón (*ricotta*) en rodajas finas y pequeñas. Funda la mitad de la mantequilla en una sartén grande y dore lentamente cuatro hojas de salvia. Añada con cuidado las rodajas de requesón (abajo a la izquierda) y déles la vuelta en la mantequilla.

6 Saque los ñoquis de la cazuela con una espumadera. Escúrralos bien y trasládelos a la sartén. Añada la mantequilla restante y remuévalo todo bien para que mezcle el requesón con los ñoquis. Sazónelo con nuez moscada y un poco de pimienta. Sírvalo directamente de la sartén a un cuenco caliente adornado con hojas de salvia y acompañado de queso parmesano rallado.

Vino: un vino tinto seco con carácter, como el Teroldego Rotaliano del Trentino, va bien con los ñoquis.

Variante:
Gnocchi verdi (Ñoquis de espinacas)
Cueza 1 kg de patatas y hágalas puré. Pique finamente 100 g de espinacas frescas o congeladas, escurra bien todo el agua que tengan y mézclelas con el puré de patatas, 150 g de harina y una yema de huevo. Prepare los ñoquis tal y como se ha explicado anterormente, vierta por encima 150 g de mantequilla fundida y espolvoréelos profusamente con queso parmesano rallado.

Nota: para que la masa de los ñoquis sea más firme puede añadir un poco más de harina a la hora de hacerla. El *ricotta* ahumado proviene pricipalmente del Norte de Italia y se puede guardar perfectamente en el frigorífico sin que pierda su aroma característico.

Polenta con tartufi

Elaborada • Piamonte   **Polenta con trufas**   *Para 4 personas*

**300 g de harina de maíz
(ver Glosario)
Sal
200 g de queso fontina
100 g de mantequilla
100 g de queso parmesano recién
rallado
Pimienta blanca recién molida
1 trufa blanca pequeña
(de entre 30 y 50 g)**

Tiempo de preparación: 1 hora

3000 kJ/710 calorías por ración

1 En una cazuela profunda ponga a hervir 1,25 litros de agua con 1 cucharada de sal. Vierta lentamente la harina de maíz en el agua hirviendo, removiéndolo constantemente con una cuchara de madera para que no se formen grumos. Baje el fuego y cuézalo lentamente unos 30 minutos, sin dejar de removerlo hasta que la polenta espese, añadiendo más agua si fuera necesario.

2 Corte el fontina en dados y mézclelo con la polenta. En un cazo pequeño, funda la mantequilla hasta que forme espuma en la superficie. Mezcle 60 g del parmesano y la mantequilla fundida en la polenta. Cuézalo otros 5 minutos, removiéndolo enérgicamente. Para esta receta la polenta debe quedar bastante suave y cremosa. Sazónela con pimienta y con más sal si lo necesitara.

3 Lamine finamente la trufa con la ayuda de un cuchillo afilado, o un pelapatatas. Con un cacillo, traslade la polenta a una fuente de servir caliente y espolvoréela con el resto del parmesano. Coloque por encima las láminas de trufa.

Variante:
Polenta al piatto con ragù
(Polenta con salsa de carne)
Haga una salsa de carne siguiendo la receta de la página 57. Prepare la polenta únicamente con harina de maíz y con agua de la misma forma que en el paso 1. Sírvala con la salsa, en platos separados, acompañándola con queso parmesano rallado.

Polenta fritta

Polenta frita

Elaborada · Regiones alpinas

Para 4 personas

300 g de harina de maíz
(ver Glosario)
Sal
Aceite de oliva o mantequilla
Pimienta negra recién molida
100 g de queso parmesano recién
rallado (opcional)

Tiempo de preparación: 1 hora
(más 2 horas de enfriado)

3400 kJ/810
calorías por ración

1 Usando sólo agua y harina de maíz, haga una polenta firme según el paso 1 de la receta de la página anterior.

2 Dé la vuelta a la polenta sobre una superficie lisa o sobre una tabla de madera grande. Extiéndala hasta obtener un rectángulo liso de unos 5 cm de grosor y déjelo enfriar durante unas 2 horas. Con la ayuda de un hilo fino, córtelo en rebanadas de 1 cm de ancho.

3 Caliente el aceite o la mantequilla en una sartén grande. Fría las rebanadas de polenta por ambos lados, hasta que estén crujientes y bien doradas.

4 Escurra el aceite de las rebanadas sobre papel de cocina, salpiméntelas y colóquelas en una fuente de servir. Puede espolvorearlas con parmesano.

Variante:

Fritelle di polenta alla lodigiana
(Empanadillas de polenta rellenas de queso fontina)
Haga la polenta (p.70, paso 1), utilizando 1,5 litros de leche en lugar de agua. Déle la vuelta sobre una superficie lisa, extiéndala hasta que tenga un grosor de 1 cm y déjela enfriar. Con el borde de un vaso corte 30 círculos. Coloque una loncha de queso fontina en la mitad de los círculos, cúbralos con los otros círculos y presiónelos suavemente para que se unan. Bata 2 huevos en un cuenco profundo con algo de sal. Pase las empanadillas por el huevo una por una y rebócelas en pan rallado. Caliente en una sartén 5 cucharadas de aceite de oliva. Fría las empanadillas por ambos lados hasta que estén crujientes.

SECONDI PIATTI: PESCE

A lo largo de la costa italiana tanto el pescado como el marisco siguen siendo el plato principal en los menús tradicionales. Aunque muchos tipos de pescado que en su día fueron abundantes ya no viven en el Mediterráneo, y a pesar de que el volumen de pescado que se coge hoy día ha descendido mucho, Italia todavía está atravesada por numerosos ríos y rodeada de mar, y hay abundante pescado de agua dulce y salada y un amplio muestrario de mariscos de donde escoger.

Esto da la pie a inventos deliciosos. Entre los más famosos se encuentra el *fritto misto di mare*, una mezcla de pescaditos y mariscos rebozados en harina y fritos hasta que quedan crujientes. Los mejillones, almejas y calamares aparecen en todo tipo de recetas. Y pescados más humildes inspiraron uno de los platos más famosos, el *cacciucco alla livornese*, guiso con múltiples variantes que hace la boca agua y que originariamente hacían los pescadores con los recortes de pescado. El *cacciucco alla viareggina*, por ejemplo (p. 75), es de la costa de Toscana. El cuidado y la imaginación son típicas de la cocina de los pescados y mariscos. A la parrilla o frito, al vapor o relleno, como relleno de empanada o al horno sobre una cama de verduras, estos platos tienen una cosa en común: todos son deliciosos.

Cacciuco alla viareggina

Guiso de diferentes pescados

Compleja • Viareggio *Para 6 personas*

600 g de pescados variados de tamaño medio o pequeño (salmonete, caballa y griva de mar)
500 g de surtido de filetes de pescado (besugo, bacalao fresco, rape, mújol, lubina y lenguado)
300 g de calamares pequeños y limpios
500 g de mejillones
300 g de gambas frescas
1 cebolla
1 zanahoria
2 ramas de apio
6 dientes de ajo
Sal
600 g de tomates maduros frescos o de lata
6 cucharadas de aceite de oliva virgen
2 guindillas secas
1/4 de litro de vino blanco seco
125 mg de azafrán en polvo (opcional)
30 g de perejil
6 o 12 rebanadas de pan blanco

Tiempo de preparación: 1 3/4 hora

1900 kJ/450 calorías por ración

1 Quite las escamas a los pescados pequeños, límpielos por dentro y lávelos bien bajo el chorro de agua. Córteles las cabezas y las aletas (arriba). Corte los filetes de pescado en trozos de 3 cm. Limpie y lave los calamares y córtelos en aros de 1 cm de ancho. Lave y frote los mejillones y quíteles el barbillón fibroso (p. 36, paso 3). Golpéelos fuertemente y tire los que sigan cerrados. Lave, pele y limpie las gambas.

2 Pele y trocee la cebolla y la zanahoria. Limpie, lave, pele y pique el apio. Pele el ajo. Coloque el pescado entero en una cazuela que contenga 1 litro de agua salada y déle un hervor. Añada las verduras picadas y 2 dientes de ajo, y cuézalo a fuego lento unos 30 minutos.

3 Mientras tanto, hierva en otra cazuela 1/4 de litro de agua. Añada los mejillones, tápelos y cuézalos 5 minutos a fuego fuerte hasta que las conchas se abran. Tire aquellas que no se hayan abierto. Pase el caldo de los mejillones por un colador fino y añádalo al caldo de pescado y verdura. Reserve 8 mejillones en las conchas para la decoración y saque el resto de las mismas.

4 Escalde tomates frescos en agua hirviendo y quíteles la piel, o escurra los tomates de lata. Pique la pulpa de los tomates. Caliente 5 cucharadas de aceite de oliva en una cazuela grande. Añada 3 ajos enteros, los calamares y las guindillas enteras y saltéelos un momento. Eche los tomates picados y cuézalos, removiendo, hasta que la salsa espese, y añada el vino. Tape la cazuela y cuézalo a fuego lento 15 minutos. Sazónelo con sal y con el azafrán, si lo desea.

5 Saque con cuidado el pescado entero del caldo y separe la carne de las espinas. Vierta el caldo a otra cazuela por un tamiz y tire la verdura. Vuelva a echar el pescado deshecho al caldo a través del tamiz.

6 Coloque los filetes de pescado de carne más firme en la salsa de tomate de la cazuela. Añada la mitad del caldo de pescado y cuézalo lentamente unos 5 minutos. Añada los filetes de pescado de carne más delicada (por ejemplo: el lenguado o rape), los mejillones sin concha y las gambas, y vierta dentro el caldo restante. Cuézalo a fuego lento otros 2 minutos. Saque los dientes de ajo y las guindillas. Lave, seque y pique el perejil, espárzalo encima del guiso y decórelo con los mejillones reservados.

7 Tueste las rebanadas de pan. Fróteles con el ajo restante y rocíelas con el resto del aceite. Sirva el guiso en platos soperos con el pan tostado.

Vino: un blanco seco como el Vernaccia di San Gimignano de Toscana, o quizás un Verdicchio de Las Marcas.

Variante: coloque las rebanadas de pan frotadas con ajo y rociadas de aceite en los platos soperos y vierta el guiso de pescado por encima.

Triglie alla livornese

Fácil • Livorno **Salmonetes en salsa de tomate picante** *Para 4 personas*

1 rama de apio
30 g de perejil
750 g de tomates maduros
3 dientes de ajo
5 cucharadas de aceite de oliva
virgen
1 guindilla seca
Sal
12,5 cl de vino tinto seco
8 salmonetes pequeños o 4 grandes
(alrededor de 1,2 kg de peso)

Tiempo de preparación: 1 hora

2100 kJ/500 calorías por ración

1 Limpie, lave y quite las hebras del apio y córtelo en trozos de 1 cm. Lave el perejil, séquelo y píquelo finamente. Pele y quite las semillas a los tomates (p. 41, paso 3), píquelos en trocitos. Pele y lamine finamente los ajos.

2 Caliente el aceite de oliva en una sartén grande. Añada el ajo y la mitad del perejil, y saltéelo un momento. Añada las verduras y la guindilla. Remuévalo y sazónelo con sal. Tape la sartén y cuézalo a fuego medio durante unos 20 minutos. De vez en cuando, vierta un poco de vino tinto.

3 Mientras tanto, limpie por dentro los salmonetes, quíteles las escamas y lávelos bajo el chorro de agua fría. Póngalos en remojo en agua fría salada durante 15 minutos y séquelos bien con un papel de cocina.

4 Coloque el pescado cuidadosamente en la sartén con la salsa. Tápela, y cueza a fuego lento entre 15 y 20 minutos, sin dar la vuelta al pescado. Traslade el pescado y la salsa a una fuente de servir caliente, esparza por encima el perejil restante y sírvalo acompañado de rebanadas de pan blanco crujiente.

Calamari ripieni

Compleja • Cerdeña **Calamares rellenos** *Para 4 personas*

8 calamares medianos (1 kg)
El zumo de 1/2 limón
200 g de calamares pequeños
limpios o de sepias
4 filetes de anchoa de lata en aceite
30 g de perejil
1 ramita de romero
2 dientes de ajo
1 huevo
3 cucharadas de pan rallado
Sal
Pimienta negra recién molida
20 cl de vino blanco seco
6 cucharadas de tomates triturado

Tiempo de preparación: 1 3/4 hora

1800 kJ/430 calorías por ración

1 Limpie los calamares medianos (p. 36, paso 1), retirando los sacos de tinta. Rocíe las bolsas de los calamares por dentro con zumo de limón. Pique los tentáculos y los calamares pequeños en trocitos.

2 Enjuague, seque y pique los filetes de anchoa. Lave, seque y pique finamente el perejil y el romero. Pele y pique finamente los ajos. En un cuenco, bata el huevo, mezcle las hierbas, las anchoas, los calamares, los tentáculos picados, el pan rallado y salpiméntelo.

3 Rellene las bolsas de los calamares con la mezcla (sin apretarla, que quede esponjosa), y cósalos con un hilo de algodón. Caliente el aceite en una cazuela grande. Dore los calamares por todos lados a fuego fuerte. Rocíe con unas gotas más de aceite y vierta el vino blanco. Tápelos y cuézalos a fuego lento 25 minutos, hasta que estén tiernos (pínchelos con un tenedor para verificarlo). Añada el tomate triturado, salpimente y cueza otros 5 minutos.

Vino: sirva un blanco seco, o pruebe con un tinto joven suave, como el Merlot del Véneto.

Variante: Este plato se puede hacer con acelgas en lugar de tomates. Corte las hojas verdes de 500 g de acelgas en tiras de 1 cm y escáldelas en agua hirviendo con sal. Enjuáguelas en agua fría y escúrralas bien. Añádaselas a los calamares en lugar de los tomates (paso 3, arriba) y cueza 5 minutos.

Cozze gratinate alla tarantina

Mejillones gratinados

Para 4 personas

2 kg de mejillones frescos
60 g de perejil
4 dientes de ajo
6 cucharadas de pan rallado
6 cucharadas de queso pecorino
recién rallado
10 cucharadas de aceite de oliva
virgen
Sal
Pimienta negra recién molida
2 limones

Tiempo de preparación: 1 hora

2300 kJ/550 calorías por ración

1 Frote y lave los mejillones y quíteles el barbilón fibroso (p. 36, paso 3). Golpee fuertemente las conchas que estén abiertas, y tire las que no se cierren. Ponga a hervir 1/4 de litro de agua, añada los mejillones, tápelos y cuézalos a fuego fuerte hasta que se abran. Tire los mejillones que permanezcan cerrados.

2 Lave, seque y pique finamente el perejil. Pele y pique finamente los ajos. Coloque el perejil y los ajos en un cuenco junto con el pan rallado, el queso pecorino y 7 cucharadas de aceite; salpiméntelo y mézclelo muy bien.

3 Precaliente el horno a 200° C. Abra los mejillones y tire la valva vacía. Esparza la mezcla del pan rallado en las valvas que tengan el mejillón y colóquelas en una fuente de horno. Cuézalas unos 10 minutos, hasta que la mezcla esté ligeramente dorada.

4 Lave los limones y corte cada uno de ellos en ocho trozos. Rocíe los mejillones con el aceite de oliva restante y decórelos con los gajos de limón. Sírvalos con pan blanco crujiente.

Vino: un rosado de Apulia, como el Castel del Monte, va bien con los mejillones.

El marisco

Aunque los mejillones son los preferidos en la cocina italiana, hay otros bivalvos, incluyendo almejas, vieiras, berberechos, dátiles de mar y, por supuesto, ostras, que también son populares. Hoy día los mejillones proceden en su mayor parte de viveros. En Italia las «camas» de cultivo se disponen verticalmente, colgadas por hilos de red enganchados en cuerdas hechas de hierba o cáñamo. Una vez que los mejillones adquieren el tamaño adecuado, de 5 a 10 cm, las cuerdas se levantan, y se recogen los mariscos. Igual que los mejillones *(cozze,* o los *peocci* del Adriático), las almejas *(vongole)* a menudo aparecen en los menús en los platos de pasta o arroz, o como parte de un guiso o una ensalada de mariscos. Las almejas se encuentran de varios tamaños y colores. Los dátiles de mar de la bahía de La Spezia son de una gran exquisitez. Las vieiras se encuentran a lo largo de la costa del Adriático, y los berberechos viven en zonas con barro o arena a unos 10 metros de profundidad. Para recoger las almejas y los berberechos se usan barcos especialmente equipados para este trabajo: se bombea agua a gran presión hacia el lecho marino y se aspira la arena revuelta junto con los mariscos a través de una gruesa manguera.

Fritto misto del golfo

Fácil · Campania

Zarzuela de pescados fritos

Para 4 personas

**500 g de pescado pequeño
(boquerones, chanquetes,
lenguados pequeños)
300 g de calamares pequeños
limpios o de sepia
300 g de gambas frescas
Harina para rebozar
Aceite vegetal para freír
3 limones
Sal**

Tiempo de preparación: 1 hora

1000 kJ/240 calorías por ración

1 Limpie bien los pescados. Quíteles las cabezas, las aletas y las escamas y aclárelos bajo el chorro de agua fría. Póngalos en remojo en agua fría y salada durante unos 15 minutos.

2 Mientras tanto, lave los calamares o la sepia. Corte las bolsas en anillos y, si son grandes los tentáculos, córtelos en trozos más pequeños. Pele las gambas, dejando las colas y quíteles los intestinos (la venilla negra).

3 Escurra el pescado y séquelo; luego enharínelo. Caliente abundante aceite vegetal en una sartén honda y fría el pescado rebozado en harina en tandas pequeñas, hasta que esté dorado por ambos lados. Reduzca el fuego una vez

que se hayan frito alrededor de 1 minuto, para asegurarse de que se hagan bien por dentro. Sáquelo con una espumadera, escurra el aceite en papel de cocina y manténgalo caliente en el horno a fuego muy suave. De la misma forma, fría los calamares o la sepia y las gambas hasta que estén bien dorados.

4 Lave los limones en agua caliente, séquelos con un paño y córtelos en gajos. Coloque todo el marisco en una fuente de servir caliente, decórelo con el limón, espolvoréelo con un poco de sal y sírvalo caliente.

Vino: un vino blanco seco bien frío, como el Sauvignon de Friul, es bueno con el Fritto misto.

Gamberoni allo spiedo

Sencilla · Liguria

Pinchos de gambones con salsa de alcaparras

Para 4 personas

**2 dientes de ajo
30 g de perejil · Sal
10 cucharadas de aceite de oliva
virgen · 32 gambones crudos o
cocidos (unos 800 g)
Pimienta negra recién molida
1 cucharada de alcaparras
2 filetes de anchoa de lata en aceite
3 aceitunas negras sin hueso
1 cucharada de piñones
1 yema de huevo · 2 limones**

**Tiempo de preparación:
alrededor de 1 hora y 3/4
(incluyendo el tiempo de marinado)**

2000 kJ/480 calorías por ración

1 Pele y pique los ajos. Lave y seque el perejil, y pique la mitad. Coloque los ajos y el perejil picados en un plato y mezcle todo con la mitad del aceite.

2 Lave y seque los gambones, salpiméntelos y métalos en el aliño. Déjelos marinar alrededor de 1 hora, dándoles la vuelta de vez en cuando.

3 Mientras, prepare la salsa. Escurra las alcaparras y los filetes de anchoa y hágalos puré en una batidora junto con las aceitunas, los piñones, el perejil restante y el zumo de medio limón. Bata la yema de huevo en un cuenco hasta que esté espumosa. Mezcle gradual-

mente el resto del aceite. Por último, añada el puré y mézclelo hasta formar una salsa suave. Salpiméntelo.

4 Precaliente la gratinadora. Pinche los gambones en ocho brochetas, cuatro gambones en cada una. Gratine cada una durante 10 minutos por cada lado o, si son cocidos, durante 2 minutos, barnizándolos con un poco de aceite.

5 Sírvalos en platos calientes decorados con gajos de limón y acompañados con la salsa y pan crujiente.

Nota: los gambones estén más sabrosos hechos sobre la parrilla de carbón.

Torta di pesce

Tarta de pescado

Para 4 o 6 personas

Para la masa:
125 g de mantequilla
250 g de harina
1/2 cucharadita de sal
4 cucharadas de leche

Para el relleno:
500 g de filetes de pescado
(bacalao fresco, mújol o lubina)
El zumo de 1 limón
200 g de arroz de grano redondo
Sal
60 mg de azafrán en polvo (opcional)
2 huevos
100 g de queso parmesano recién rallado
Pimienta blanca recién molida
2 cebollas pequeñas
1 zanahoria
1 rama de apio
30 g de perejil
200 g de champiñones
4 cucharadas de aceite de oliva
100 g de guisantes frescos pelados o congelados
12,5 cl de vino blanco
1 diente de ajo
2 cucharadas de pasas
2 cucharadas de piñones
45 g de mantequilla
1 cucharada de pan rallado

Tiempo de preparación: 2 horas
(más 1 hora de reposo y 30 minutos para de marinado)

3200 kJ/760 calorías por ración
(si es para 6 personas)

1 Corte la mantequilla en trozos, coloque la harina en un cuenco con la sal, añada la mantequilla y mézclela con los dedos. Trabájela con la leche fría para conseguir una masa suave. Cúbrala y refrigérela durante 1 hora.

2 Enjuague y seque el pescado, rocíelo con el zumo de limón y déjelo marinando unos 30 minutos.

3 Cueza el arroz en 1/2 litro de agua hasta que haya absorbido el líquido. Disuelva el azafrán, si lo usa, en 3 cucharadas de agua caliente y mézclelo. Bata los huevos y mézclelos en el arroz junto con 60 g de parmesano rallado. Sazone con pimienta y deje enfriar.

4 Pele las cebollas, la zanahoria y el apio. Lave y seque el perejil y pique todo. Limpie los champiñones, enjuáguelos al agua, séquelos y lamínelos.

5 Caliente la mitad del aceite de oliva en una sartén, añada las cebollas y fríalas hasta que estén transparentes. Añada la zanahoria picada y el apio y saltéelos unos minutos; añada la mitad del perejil, los champiñones laminados y los guisantes. Vierta el vino blanco y cuézalo a fuego medio entre 10 y 15 minutos, removiéndolo frecuentemente (arriba). Sazónelo con sal.

6 Pele el diente de ajo y lamínelo finamente. Espolvoree los filetes de pescado con un poco de sal. Caliente el aceite restante en una sartén, añada el ajo y saltéelo un momento. Añada el pescado, dórelo por ambos lados y luego desmenúcelo con un tenedor. Mezcle el perejil restante, las pasas, los piñones y la verdura cocida. Precaliente el horno a 200°C.

7 Engrase un molde de tarta (de unos 28 cm de diámetro) con la mitad de la

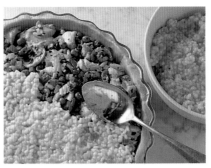

mantequilla y espolvoréelo con el pan rallado. Sobre una superficie lisa enharinada, extienda la masa formando un círculo y colóquelo con cuidado en el molde, levantándolo por los lados para hacer un borde, procurando que quede bien pegado al molde. Ponga la mitad del arroz en el molde de tarta, seguidamente el pescado y la mezcla de verduras y cúbralo con el resto del arroz (arriba). Ponga por encima el resto de la mantequilla cortada en trocitos. Espolvoréelo con el resto del queso parmesano y cuézalo en el horno unos 30 minutos a 180°C. Sirva la tarta de pescado fría o caliente, acompañada de una ensalada mixta.

Vino: escoja un vino blanco aromático de Véneto, como el Bianco di Custoza.

Orata al forno con patate

Fácil · Apulia   **Besugo al horno con patatas**   *Para 4 personas*

1 besugo (entre 800 g y 1 kg)
Sal
5 patatas medianas
2 dientes de ajo
Pimienta negra recién molida
2 ramitas de romero
6 cucharadas de aceite de oliva virgen
6 hojas de salvia
4 cucharadas de vino blanco seco
1 limón

Tiempo de preparación: 1 1/2 hora

2000 kJ/480 calorías por ración

1 Limpie el pescado por dentro, quítele las escamas y enjuáguelo muy bien por dentro y fuera bajo el chorro de agua fría. Déjelo en remojo unos 15 minutos en agua fría salada. Mientras tanto, pele las patatas y trocéelas. Pele los ajos.

2 Seque el pescado sobre papel de cocina. Salpiméntelo bien por dentro y por fuera. Ponga los dientes de ajo enteros y una rama de romero dentro del pescado.

3 Precaliente el horno a 200ºC. Ponga 3 cucharadas de aceite de oliva en una fuente de horno grande. Coloque las patatas en el fondo de la fuente. Esparza las hojas de salvia y la rama de romero por encima y vierta una cucharada de aceite de oliva. Salpiméntelo y cuézalo en el centro del horno durante unos 15 minutos.

4 Ponga el pescado sobre la cama de patatas y cuézalo en el horno durante otros 35 minutos. Rocíelo de vez en cuando con un poco del vino blanco.

5 Corte el limón en cuartos. Rocíe el pescado con el aceite restante y sírvalo caliente, dividiéndolo en raciones en la mesa y decorándolo con el limón.

Vino: un vino bien frío Soave Classico, o un blanco seco parecido, irá bien con este plato.

Trota in padella

Fácil • Piamonte

Trucha a la sartén

Para 4 personas

4 truchas frescas (de 250 a 300 g cada una)
Pimienta negra recién molida • Sal
2 cucharadas de pasas sultanas
8 hojas de salvia • 1 rama de apio
1 diente de ajo • 3 hojas de laurel
1 cebolla • 1 rama de romero
60 g de mantequilla
3 cucharadas de vino blanco
La ralladura de 1 limón
30 cl de caldo de pescado
1 cucharada de harina

Tiempo de preparación:
50 minutos

1700 kJ/400 calorías
por ración

1 Limpie por dentro las truchas y quíteles las escamas, enjuáguelas bien bajo el chorro de agua y séquelas. Salpiméntelas por dentro y por fuera. Ponga las pasas a remojar en agua templada unos 15 minutos.

2 Pele y pique finamente la cebolla y el ajo. Limpie, lave, pele y pique finamente el apio. Lave las hierbas aromáticas bajo el chorro de agua fría y séquelas.

3 Precaliente el horno a 140° C. Funda 50 g de mantequilla en una sartén grande y saltee la cebolla, el ajo y el apio unos 5 minutos. Añada las hojas de salvia. Coloque las truchas en la sartén y fríalas de 2 a 4 minutos por ambos lados. Vierta el vinagre de vino. Añada la ralladura de limón, las pasas,

el romero y las hojas de laurel. Siga cociéndolas a fuego lento, sin tapar, unos minutos. El pescado estará listo cuando las aletas dorsales se despeguen fácilmente de la piel. Mójelo frecuentemente con la mitad del caldo de pescado.

4 Traslade las truchas de la sartén a una fuente de servir y métalas en el horno para mantenerlas calientes.

5 Mezcle la harina con 2 cucharadas de agua y añádala, removiendo, a la sartén. Vuelva a poner la sartén al fuego, vierta poco a poco el caldo de pescado restante y déjelo cocer otros 5 minutos hasta que la salsa espese. Añada el resto de la mantequilla. Saque las hojas de laurel y el romero. Salpimente la salsa y sírvala con las truchas.

Sarde ripiene

Elaborada • Cerdeña

Sardinas rellenas

Para 4 o 6 personas

12 sardinas frescas grandes (alrededor de 1 kg)
4 filetes de anchoa de lata en aceite
1 panecillo
12,5 cl de leche
El zumo de 1/2 limón • Sal
1 diente de ajo • 2 huevos
1 o 2 cucharadas de pecorino recién rallado
Pimienta negra recién molida
Harina para rebozar
30 g de perejil
4 cucharadas de aceite de oliva
2 limones para la decoración

Tiempo de preparación: 1 1/4 hora

1600 kJ/380 calorías por ración

1 Cuartee el panecillo y póngalo a remojar en un cuenco con la leche.

2 Mientras, quite las escamas a las sardinas y córteles las cabezas. Haga una incisión a lo largo de la tripa y quite la espina dorsal y las colas. Lave bien el pescado en agua y séquelo. Sazone un poco las sardinas por dentro con sal y rocíelas con el zumo de limón. Precaliente el horno a 220° C.

3 Estruje el pan para que escurra y córtelo en trocitos. Enjuague las anchoas y séquelas. Pele el ajo. En un mortero, aplaste las anchoas y el ajo hasta que se forme una pasta. Añada el pan y mézclelo hasta obtener una mezcla espesa y cremosa. Bata los huevos en un cuenco, añada el pecorino a los huevos y mézclelo, removiendo, con la pasta de anchoas. Salpiméntelo.

4 Rellene las sardinas con la mezcla y ciérrelas. Reboce el pescado con algo de harina. Vierta 3 cucharadas del aceite de oliva en una bandeja de horno. Coloque el pescado en capas y rocíelo con el aceite de oliva restante. Métalo en el horno y déjelas de 20 a 30 minutos hasta que estén bien doradas.

5 Lave el perejil, séquelo y píquelo. Corte los dos limones en rodajas. Ponga las sardinas en una fuente de servir, esparza el perejil y decórelas con las rodajas de limón cortadas a la mitad.

Vino: un blanco joven de Cerdeña como el Nuragus di Cagliari.

Tonno fresco in umido

Fácil • Las Marcas

Atún con tomate

Para 4 personas

4 filetes de atún fresco (unos 600 g)
Harina para rebozar
5 cucharadas de aceite de oliva
1 cebolla pequeña
1 rama de apio
30 g de perejil
2 clavos
Sal
Pimienta negra recién molida
1/2 litro de tomate triturado

Tiempo de preparación: 45 minutos

2100 kJ/500 calorías por ración

1 Enjuague las rodajas de atún con un chorro de agua fría, séquelas y rebócelas en harina. Caliente 2 cucharadas de aceite en una sartén, eche las rodajas y fríalas un momento por ambos lados. Sáquelas con una espumadera y escurra el aceite sobre papel de cocina.

2 Pele y pique la cebolla. Limpie, lave, pele y pique el apio. Lave, seque y pique el perejil. Caliente el aceite restante en una sartén. Añada la cebolla y saltéela hasta que esté transparente. Añada el apio y la mitad del perejil y siga salteándolo otros 5 minutos. Añada el clavo y salpiméntelo.

3 Vierta el tomate triturado sobre las verduras y siga cociéndolo todo otros 10 minutos, hasta que la salsa espese. Coloque el atún en la salsa y cuézalo, dándole la vuelta de vez en cuando, de 10 a 20 minutos más (dependiendo del grosor de las rodajas) hasta que estén tiernas.

4 Coloque las rodajas de atún en una fuente de servir caliente. Vierta la salsa encima del pescado y esparza por encima el perejil restante. Sírvalo caliente.

Nota: esta receta le va también al besugo, al salmón fresco o a la lubina.

SECONDI PIATTI: CARNE

La regla de oro en Italia para los platos de carne es la primacía de la calidad antes que de la cantidad. La carne se suele comer en pequeñas raciones, pero es indispensable que estén bien preparadas. La carne de vacuno, de ternera, de cerdo, de cordero, la caza y las aves, todas aparecen en el menú en variadas recetas que reflejan el carácter de las distintas regiones.

En el Norte, por ejemplo, se pueden encontrar carnes asadas y guisos de vacuno o ternera, o quizás de carne cocida como el *bollito misto*. Una especialidad de Milán es el *ossobuco*, unas rodajas de jarrete de ternera preparadas con arroz al azafrán y *gremolata*, mezcla de corteza de limón, perejil y ajo. Otros platos de ternera son la *saltimbocca alla romana* del Lacio, los escalopes fritos con jamón y salvia, y el *vitello tonnato* piamontés, ternera braseada con salsa de bonito.

En las zonas alpinas la caza se sirve con polenta. En las zonas rurales aún se encuentran los pichones, las pintadas y los pollos alimentados solamente con maíz o con trigo. Venecia es la cuna de una especialidad de hígado blando como la mantequilla,

el *fegato alla veneziana*, y los platos populares de Emilia-Romaña incluyen el cerdo y el cochinillo abierto y asado. Las codornices salvajes son típicas de Las Marcas, y de la zona de Toscana es la *lepre in umido*. El cordero y el cabrito se sacrifican en Semana Santa, y se asan en un espetón, al horno o se preparan estofados.

Vitello tonnato

Fácil • Piamonte

Ternera fría con salsa de atún

Para 6 personas

1 rama de apio
1 zanahoria • 1 cebolla
1 kg de morcillo de ternera
1 hoja de laurel
Sal • 2 clavos • 3 filetes de anchoa
3/4 de litro de vino blanco seco
150 g de bonito de lata en aceite
2 yemas de huevo • 2 limones
3 cucharadas de alcaparras
20 cl de aceite de oliva
Pimienta recién molida

Tiempo de preparación: 2 horas
(más 4 o 5 horas de adobo
y de enfriado)

2800 kJ/670 calorías por ración

1 Pele y trocee la zanahoria y la cebolla, lave y pique el apio. Meta las verduras en una cazuela junto con la carne, la hoja de laurel, los clavos y el vino. Tápelo, y déjelo en adobo durante 24 horas.

2 Añada 1 cucharadita de sal y la suficiente cantidad de agua para que cubra la carne. Déle un hervor y cuézalo a fuego lento durante 1 hora. Déjelo en el caldo hasta que se enfríe.

3 Mientras tanto, escurra el bonito y los filetes de anchoa. Aclare, seque y pique las anchoas. Haga puré el bonito, las anchoas, las yemas de huevo y 2 cucharadas de alcaparras junto con el zumo de 1/2 limón. Gradualmente vierta, removiendo, un poco del caldo y el aceite de oliva hasta obtener una salsa cremosa. Salpiméntela.

4 Saque la carne del caldo. Córtela en rodajas finas y colóquelas en una fuente de servir. Vierta la salsa uniformemente sobre la carne. Tápela, y refrigérela unas 3 o 4 horas. Antes de servirla, corte el restante limón y medio en rodajas finas y colóquelas sobre la carne. Esparza por encima el resto de las alcaparras.

Las alcaparras

Son un importante condimento en platos clásicos como el *vitello tonnato* (arriba) y la *caponata* siciliana (p. 115), las alcaparras proceden de la espinosa planta trepadora de la alcaparra (*Capparis spinosa*), de flores rosas o blancas. Florece en las secas tierras mediterráneas y se encuentra por todo el Sur de Italia.

Las alcaparras que se utilizan para cocinar son los capullos cerrados de las flores de la planta. No tienen sabor por sí mismas, a pesar de que hay evidencia de que los griegos y los romanos comían tanto la flor como los capullos, sino que sirven como vehículo de los sabores fuertes de ingredientes conservados en vinagre.

Su color va desde el verde oliva al azul verdoso, y su tamaño desde el de un grano de pimienta al de un guisante grande. Los capullos se recolectan a primera hora de la mañana, cuando están duros y bien cerrados. Una vez recogidos, los capullos de alcaparra se dejan secar durante la noche, luego se separan por tamaños (arriba) y se dejan en baños de sal, salmuera o vinagre, conservantes que les dan sabor.

Las alcaparras en conserva se clasifican según su tamaño: cuanto más grandes sean, más fuerte será su sabor. Las más caras son las más pequeñas, las de sabor más delicado, conocidas por *nonpareilles* y *capucines*.

Ossobuco alla milanese

Fácil · Lombardía **Osobuco a la milanesa** **Para 6 u 8 personas**

4 zanahorias medianas
3 cebollas medianas
3 dientes de ajo
4 ramas de apio
4 cucharadas de mantequilla
3 kg de jarrete de ternera
cortado con hueso en 6 u 8 rodajas
(carne para osobuco)
Sal
Pimienta negra recién molida
Harina para rebozar
6 cucharadas de aceite de oliva
1/4 de litro de vino blanco
1 kg de tomates carnosos y
maduros o de lata
30 g de perejil
1/2 litro de caldo de carne
1/2 cucharadita de tomillo
1/2 cucharadita de orégano
2 hojas de laurel

Para la gremolata:
30 g de hojas de perejil liso
5 dientes de ajo
La ralladura de 2 limones

Tiempo de preparación:
alrededor de 3 horas

2400 kJ/570 calorías por ración
(si es para 8 personas)

1 Pele y pique las zanahorias, las cebollas y los ajos, lave, pele y pique el apio. Caliente la mantequilla en una fuente a fuego lento. Cuando se haya derretido, añada la verdura y saltéela hasta que esté ligeramente dorada, removiéndola constantemente (arriba).

2 Ate las rodajas de carne en forma redondeada, dándoles forma con un hilo de bramante (arriba). Salpiméntelas y rebócelas en harina, sacudiéndolas bien para que suelten el exceso de harina. Caliente el aceite de oliva en una sartén y fría cada rodaja a fuego medio hasta que estén ligeramente doradas por ambos lados. Según se vayan haciendo, retírelas de la sartén y colóquelas sobre la cama de verduras en la fuente de horno.

3 Quite el exceso de aceite y vierta el vino en los jugos de cocción. Déle un hervor, removiéndolo para disolver la parte sólida, y cuézalo hasta que el líquido se reduzca a 4 o 6 cucharadas.

4 Precaliente el horno a 170° C. Escalde los tomates un momento en agua hirviendo, pélelos (arriba), pártalos luego por la mitad y saque las semillas; si los tomates son de lata, escúrralos. Corte los tomates en trozos. Trocee el perejil, incluyendo los tallos.

5 Añada 1/4 de litro del caldo a los jugos de cocción, incorpore el perejil troceado, el tomillo, el orégano, las hojas de laurel y los tomates. Déle un hervor y salpiméntelo.

6 Vierta la salsa por encima de la carne. Vuelva a darle un hervor, tápelo y trasládelo al horno. Cuézalo entre 2 y 3 horas, hasta que la carne esté tierna, añadiéndole un poco de caldo cada 30 minutos, para reemplazar el líquido que se vaya evaporando.

7 Mientras tanto, haga la *gremolata*. Lave y pique finamente el perejil, pele los dientes de ajo, y mézclelo todo bien junto con la ralladura de limón.

8 Quite el bramante a la carne. Coloque las rodajas de osobuco en una fuente de servir y preséntela con las verduras y la salsa por encima de la carne. Por último, esparza la *gremolata*. Con este plato se puede servir un *risotto alla milanese* (receta de la p. 52).

Braciole di maiale alle olive

Chuletas de cerdo con aceitunas negras   *Para 4 personas*

4 chuletas de cerdo
Sal
Pimienta recién molida
Harina para rebozar
6 cucharadas de aceite de oliva
1/4 de litro de vino blanco seco
100 g de panceta de cerdo magra
1 cebolla mediana
1 diente de ajo
16 aceitunas negras
300 g de tomates frescos o de lata
30 g de perejil
1 hoja de laurel
1 huevo

Tiempo de preparación: 50 minutos

3400 kJ/810 calorías por ración

1 Precaliente el horno a 150°C. Quite la grasa de las chuletas, haciendo varias incisiones por los bordes para que no se ricen al freírlas. Salpimente las chuletas y rebócelas en harina. Caliente la mitad del aceite en una sartén grande, meta las chuletas y dórelas a fuego fuerte durante unos 3 minutos por cada lado. Añada la mitad del vino y cuézalas a fuego lento unos 2 minutos. Traslade las chuletas a una fuente de hornear y métalas en el horno para mantenerlas calientes.

2 Corte la panceta de cerdo en dados. Pele la cebolla y córtela en aros finos. Pele y pique finamente el diente de ajo. Corte por la mitad las aceitunas sin hueso. Pele y quite las semillas a los tomates frescos (p. 41, paso 3), o escurra los tomates de lata, y trocéelos. Lave, seque y pique finamente el perejil.

3 Caliente el aceite restante en la sartén, añada los dados de panceta de cerdo, la cebolla y el ajo y saltéelo durante unos minutos a fuego medio. Añada las aceitunas, los tomates y la hoja de laurel y salpiméntelo. Tápelo y cuézalo durante unos 10 minutos. Saque la hoja de laurel. Vierta el resto del vino blanco y siga cociéndolo, destapado, hasta que la salsa comience a espesarse.

4 Traslade las chuletas de cerdo y los jugos del horno a la sartén. Esparza el perejil picado sobre las chuletas, tape la sartén y cuézalas a fuego muy lento durante unos 15 minutos.

5 Mientras, cueza el huevo, pélelo y píquelo. Coloque las chuletas de cerdo en un plato. Añada el huevo picado a la salsa y vierta la salsa encima de la carne. Sírvala caliente.

Fegato alla veneziana

Hígado de ternera a la veneciana

400 g de cebollas
30 g de perejil
4 hojas de salvia frescas
500 g de hígado de ternera
Harina para rebozar
50 g de mantequilla
4 cucharadas de aceite de oliva
1/4 de litro de caldo de carne
Sal
Pimienta blanca recién molida

Tiempo de preparación: 30 minutos

1600 kJ/380 calorías por ración

1 Pele las cebollas y córtelas en aritos. Lave y seque el perejil y las hojas de salvia; pique el perejil. Quite las membranas y los tejidos del hígado; lávelo y séquelo. Con un cuchillo afilado, córtelo en tiras finas y rebócelas en harina.

2 En una sartén, caliente la mitad de la mantequilla y la mitad del aceite. Saltee las hojas de salvia un momento, sáquelas y resérvelas. Añada los aros de cebolla y saltéelos a fuego lento unos 15 minutos, removiéndolos frecuentemente hasta que estén blandos y transparentes. Mójelos de vez en cuando con un poco de caldo. Échelos en un plato y manténgalos calientes.

3 Caliente el resto de la mantequilla y del aceite en la sartén y dore el hígado por ambos lados. Añada el resto del caldo de carne y cuézalo a fuego lento de 2 a 4 minutos, hasta que el líquido se evapore. Vuelva a poner los aros de cebolla en la sartén y salpimente.

4 Sírvalo caliente, decorado con el perejil, las hojas de salvia, y si lo desea acompáñelo de polenta (receta, p. 71).

Vino: escoja un vino tinto seco y joven como un Merlot toscano.

Variante: Fegato al vino bianco
(Hígado de ternera en vino blanco)
Caliente 50 g de mantequilla en una sartén y dore los 500 g de hígado de ternera entre 1 y 2 minutos. Mezcle en un cuenco 1/4 de litro de vino blanco seco con 1 cucharada de harina, viértaselo al hígado y cuézalo a fuego lento entre 2 y 4 minutos.
Salpimente.

95

Saltimbocca alla romana

Escalopes de ternera a la romana

**8 escalopes finos de ternera
(unos 500 g en total)
100 g de mantequilla
8 hojas de salvia frescas
8 lonchas de jamón
Sal
Pimienta blanca recién molida
4 cucharadas de Marsala u otro
vino blanco**

Tiempo de preparación: 20 minutos

1600 kJ/380 calorías por ración

1 Precaliente el horno a 140º C. Aplaste los escalopes para alisarlos y resérvelos. Caliente la mantequilla en una sartén grande hasta que salga espuma. Añada las hojas de salvia y remuévalas en la mantequilla alrededor de 1 minuto. Sáquelas y manténgalas calientes en el horno.

2 Añada el jamón a la sartén y saltéelo unos 2 minutos. Sáquelo y manténgalo caliente junto a las hojas de salvia.

3 Añada los escalopes a la misma sartén y fríalos en la mantequilla durante 2 minutos por cada lado. Salpiméntelos, trasládelos a una fuente de servir caliente; ponga por encima de cada escalope una loncha de jamón y una hoja de salvia. Tápelo y manténgalo caliente en el horno.

4 Vierta el vino y 1 cucharada de agua sobre los jugos de la sartén. Déle un hervor, removiéndolo bien, y viértalo por encima de la *saltimbocca*. Sírvalo enseguida, acompañándolo de pan blanco crujiente y de una ensalada.

Vino: escoja un blanco fresco y suave del Lacio, como el Frascati o el Est!, Est!!, Est!!!, o un vino tinto claro, como el Rosso di Montalcino de Toscana.

Nota: *Saltimbocca* quiere decir literalmente «salta a la boca».

La salvia

El típico sabor algo agrio de la salvia sazona muchas recetas italianas, desde los platos de sopa y pasta a los platos de carne y los guisos. Va especialmente bien con la carne de ternera y con el hígado, por ejemplo, en el *fegato alla veneziana* (p. 95).

El sabor y el penetrante aroma están concentrados en el aceite volátil que contienen las hojas ovaladas de color verde plateado de la planta de la salvia (*Salvia officinalis*), que sólo se libera totalmente al ser cocinado. Tanto la salvia fresca como la seca, que se desmenuza fácilmente, son de sabor fuerte, por lo que se deben utilizar en poca cantidad.

La salvia fresca se puede recoger durante casi todo el año, pero el mejor momento, especialmente para secarla, es al final de la primavera y comienzo del verano, antes de que las flores blancas o moradas aparezcan. El nombre viene del latín *salvus*, que quiere decir «sano, saludable», y a la planta se le han atribuido propiedades medicinales.

En el siglo I a.C. Dioscórides, físico y farmacólogo griego cuya autoridad científica se mantuvo hasta fines del siglo XV, recomendaba la salvia como astringente, en el tratamiento de la fiebre y para las piedras del riñón. Tal era su fama de poseer poderes que una creencia supersticiosa sugería que acarrearía la inmortalidad.

Coniglio fritto

Fácil • Toscana   **Conejo frito**   *Para 6 personas*

1 huevo
6 cucharadas de harina
12,5 cl de leche
Sal
1 conejo joven y tierno (de 1,5 kg)
cortado en 12 trozos
Pimienta negra recién molida
Aceite vegetal para freír
2 limones

Tiempo de preparación: 50 minutos
(más 1 hora de reposo)

1900 kJ/450 calorías por ración

1 Bata el huevo en un recipiente y mezcle 5 cucharadas de la harina. Mezcle gradualmente la leche hasta obtener un mezcla cremosa y semiespesa. Sazónela con un poco de sal. Déjela reposar alrededor de 1 hora.

2 Lave los trozos de conejo al chorro de agua fría, quitando las astillas de los huesos, y séquelo con papel de cocina. Salpimente, espolvoree los trozos con la harina restante y rebócelo en la mezcla.

3 En una sartén, caliente la suficiente cantidad de aceite para cubrir la base hasta unos 5 mm. Añada los trozos de conejo en tandas pequeñas y fríalos de 5 a 10 minutos a fuego fuerte, dando la vuelta a los trozos de vez en cuando, hasta que estén ligeramente dorados por todas partes. Baje a fuego medio y siga friéndolos entre 20 y 30 minutos más, dándoles la vuelta frecuentemente, hasta que la carne esté tierna.

4 Lave los limones en agua caliente, frótelos para que se sequen y córtelos en gajos. Escurra muy bien los trozos de conejo una vez frito, en papel de cocina. Colóquelo en una fuente de servir caliente y decórelo con los gajos de limón. Sírvalo caliente.

Agnello in umido

Fácil • Abruzzos   **Cordero braseado con guisantes**   *Para 4 personas*

4 dientes de ajo
1 kg de pierna de cordero
deshuesada en un solo trozo
1 rama de romero
Sal
Pimienta negra recién molida
50 g de panceta de cerdo
entreverada
6 cucharadas de aceite de oliva
12,5 cl de vino blanco seco
400 g de tomates maduros o de lata
30 g de perejil
1 cucharadita de tomillo fresco, o
1/2 de tomillo seco
500 g de guisantes frescos pelados
o congelados

Tiempo de preparación: 2 horas

4000kJ/950 calorías por ración

1 Pele el ajo y córtelo en tiras finas. Lave un momento el cordero bajo el chorro de agua fría y séquelo. Con la punta de un cuchillo, haga pequeñas hendiduras en la carne a intervalos regulares e inserte las tiras de ajo y las hojas de romero. Salpiméntelo.

2 Corte la panceta en dados. Caliente el aceite en una cazuela, añada la panceta de cerdo y el cordero y dórelo durante unos 15 minutos. Vierta el vino por encima y siga cociéndolo destapado, hasta que el vino se evapore.

3 Pele los tomates frescos y límpielos (p. 41, paso 3) o escurra los tomates de lata, reservando su jugo. Lave, seque y pique el perejil. Añada los tomates y el perejil al cordero, sazone con sal y tomillo, tape la cazuela ajustándola bien y cuézalo de 30 a 40 minutos a fuego lento, hasta que esté tierno. Añada algo de agua o el jugo de tomate reservado si la carne se seca mucho.

4 Saque la carne y manténgala caliente. Si usa guisantes frescos, añádalos a la cocción y cuézalos a fuego lento 15 minutos. Los guisantes congelados sólo necesitan 5 minutos de cocción.

5 Corte el cordero en trozos y colóquelo en una fuente de servir caliente. Vierta encima los jugos de la cazuela con los guisantes, y sírvalo caliente.

Vino: un tinto seco de Cerdeña, como el Oliena Cannonau o el Monica.

Nota: se pueden usar chuletas de cordero, que se cuecen en menos tiempo.

Lepre in umido

Elaborada • Toscana **Ragú de liebre** **Para 4 personas**

**1 kg de silla de liebre cortada
en 8 trozos
1 cucharada de vinagre de vino
1 cebolla grande • 2 zanahorias
2 dientes de ajo
2 ramas de apio
2 lonchas de panceta de cerdo sin
corteza
200 g de distintos tipos de
champiñones (o boletos)
3 cucharadas de aceite de oliva
2 ramas de romero • Sal
50 g de mantequilla
1/4 de litro de vino tinto seco
1/2 de litro de tomates tamizados
2 hojas de laurel
Pimienta negra recién molida**

Tiempo de preparación: 2 horas

2700 kJ/640 calorías por ración

1 Ponga la liebre en un recipiente y vierta la suficiente agua, mezclada con vinagre, para cubrirla. Déjela marinando unos 30 minutos.

2 Mientras tanto, pele la cebolla y córtela en aros. Pele y pique finamente las zanahorias y los ajos. Limpie, lave y pele el apio, y píquelo. Corte la panceta de cerdo en tiras de 5 mm. Limpie y lave los champiñones y trocéelos.

3 Saque la liebre del agua, aclárela, séquela y frote los trozos con sal. Caliente el aceite en una cazuela grande. Meta la liebre y saltéela 15 minutos hasta que esté bien dorada por todas partes. Añada la panceta de cerdo y la cebolla y saltéela un momento, luego añada las zanahorias, los ajos, el apio y el romero y cuézalo 5 minutos. Mientras tanto,

funda la mantequilla en una sartén y fría los champiñones unos 5 minutos.

4 Añádale la mitad del vino tinto a la liebre y cuézala, destapada, a fuego medio hasta que se evapore, dándole la vuelta a los trozos varias veces. Añada los champiñones y, poco a poco, el tomate triturado y el vino restante. Luego añada las hojas de laurel y salpiméntelo. Tápelo, y cuézalo a fuego muy bajo 1 hora, hasta que la carne esté tierna.

5 Saque la liebre y las ramitas de romero. Colóquela en una fuente de servir caliente, con la salsa por encima. Sírvala enseguida.

Nota: los champiñones frescos se pueden sustituir por champiñones secos y dejados en remojo.

El romero

Es una de las especias preferidas de la cocina italiana. Fresco o seco, va bien con la carne roja (especialmente con el cordero y la ternera), aves y caza, así como pescado y judías, y se usa también para condimentar el vinagre y el aceite de oliva.

Sus arbustos de hoja siempre verde, crecen salvajes en las laderas rocosas de las colinas mediterráneas, donde puede alcanzar una altura de hasta 2 metros. Sus flores color azul (pero a veces blancas) florecen al comienzo de la primavera (arriba a la derecha). Las hojas, coriáceas y en forma de aguja, tienen un aroma intenso que recuerda ligeramente al alcanfor, y que puede olerse 30 km mar adentro cuando el viento sopla en la dirección adecuada.

El romero (su nombre latino, *rosmarinus*, significa «rocío del mar») es conocido tradicionalmente como la hierba del recuerdo. Los antiguos romanos la consagraron a Venus, diosa del amor, y era apreciada como planta culinaria y medicinal, y como remedio natural para diversos males.

Tacchino al latte

Pavo en leche

Fácil · Toscana

Para 4 personas

*1 kg de pavo deshuesado
(pechuga o pata)
2 zanahorias · 1 cebolla
4 dientes de ajo · 1 rama de apio
4 o 6 hojas frescas de salvia
4 cucharadas de aceite de oliva
60 g de mantequilla · Sal
Pimienta blanca recién molida
3 cucharadas de brandy
250 g de boletos, o de champiñones
cultivados
1/4 de litro de leche*

Tiempo de preparación: 1 1/2 hora

2100 kJ/500 calorías por ración

1 Lave el pavo y séquelo con papel de cocina. Corte la carne en trozos, pele y pique la cebolla y las zanahorias. Lave, pele y pique el apio. Pele los dientes ajo. Lave y seque las hojas de salvia.

2 En una cazuela, caliente el aceite con los dientes de ajo enteros. Añada la mitad de la mantequilla y saltee un momento las hojas de salvia. Saque los ajos. Eche el pavo y dórelo ligeramente por todos lados. Añada las verduras, salpiméntelas y siga cociéndolas, removiendo constantemente.

3 Diluya el brandy en 12,5 cl de agua y vierta una parte por encima de la car-

ne. Tape la cazuela y cueza el pavo a fuego lento unos 55 minutos, añadiendo más líquido si fuera necesario, hasta que la carne esté tierna. Mientras tanto, limpie, lave y lamine los champiñones, y fríalos en la mantequilla restante. Precaliente el horno a 140° C.

4 Vierta la leche encima del pavo y remuévala hasta que la salsa comience a espesarse. Traslade los trozos de pavo a una fuente y manténgalos calientes en el horno. Añada la salsa de verdura a los champiñones y cuézalos a fuego lento durante unos 10 minutos. Vierta la salsa de champiñones por encima de los trozos de pavo.

Faraona con patate

Pintada con patatas

Fácil · Emilia-Romaña

Para 4 personas

*8 cucharadas de aceite de oliva
3 hojas de salvia fresca
1 pintada pequeña con hígado lista
para meter en el horno
(alrededor de 1 kg)
Harina para rebozar
Sal
3 lonchas de panceta de cerdo
ahumada entreverada
2 dientes de ajo
1 naranja pequeña o 1 mandarina
Pimienta negra recién molida
300 g de patatas nuevas pequeñas
300 g de escalonias
1 rama de romero*

Tiempo de preparación: 1 1/4 hora

2600 kJ/620 calorías por ración

1 Caliente 1 cucharada de aceite en una sartén y fría una hoja de salvia un poco, para dar sabor al aceite. Reboce el hígado y dórelo un momento por cada lado. Sazónelo y déjelo enfriar.

2 Corte en dados las lonchas de panceta de cerdo. Pele y pique finamente los ajos. Pique finamente las hojas de salvia restantes. Pele la naranja o la mandarina y pique los gajos en trozos pequeños. Pique finamente el hígado una vez frío y mezcle todo en un recipiente.

3 Lave y seque la pintada. Frótela por dentro y por fuera con sal y pimienta. Meta el relleno y cosa la abertura. Cubra la pechuga con la panceta restante (asegúrela con palillos en caso necesario).

4 Precaliente el horno a 220° C. Pele, lave y corte las patatas en rodajas. Pele y corte a la mitad las escalonias. Vierta 3 cucharadas de aceite en la fuente de asar y coloque las patatas en el fondo. Rocíelas con 3 cucharadas del aceite y salpiméntelas. Esparza las hojas de romero por encima de las patatas. Distribuya las escalonias por los bordes de la fuente. Barnice el ave con el aceite restante y colóquela en el centro de la fuente, con el pecho hacia arriba. Ásela en el centro del horno 50 minutos o 1 hora, hasta que esté crujiente y las alas se separen con facilidad.

Vino: sírvala con un vino blanco ligero, como el Galestro de Toscana o un vino tinto de poco cuerpo.

Pollo con le olive

Fácil · Siena **Pollo con aceitunas** *Para 4 personas*

**1 pollo listo para meter en el horno
(de 1,5 kg)
Sal
Pimienta negra recién molida
10 g de hojas de salvia fresca
3 dientes de ajo
4 cucharadas de aceite de oliva
12,5 cl de vino blanco
600 g de tomates carnosos o de lata
150 g de aceitunas negras**

Tiempo de preparación: 1 hora

2100 kJ/500 calorías por ración

1 Parta el pollo en cuatro trozos. Lávelo, séquelo y retire todas las astillas de los huesos y salpiméntelo. Lave y seque la salvia y pique finamente 6 hojas. Pele los ajos y córtelos en láminas.

2 Caliente el aceite de oliva en una cazuela. Fría el ajo y la salvia picada, sin dejar de remover, añada los trozos de pollo y dórelos ligeramente por todos los lados. Mójelos con un poco del vino.

3 Pele los tomates y quíteles las semillas (p. 41, paso 3), o escúrralos si son de lata. Pique finamente los tomates y añádalos al pollo. Saltéelos durante

unos minutos, luego añada el resto del vino. Tape la cazuela y cuézalo a fuego lento unos 15 minutos. Corte por la mitad las aceitunas y añádalas a la cazuela. Tápela y cueza durante otros 15 minutos, hasta que el pollo esté tierno.

4 Coloque los cuartos de pollo en una fuente de servir caliente, vierta la salsa por encima y decórelos con el resto de las hojas de salvia. Sírvalos con pan crujiente.

Vino: un tinto claro de Piamonte, como el Dolcetto d'Alba, es un excelente acompañamiento para este plato.

Fricassea di pollo

Fácil · Lacio **Fricasé de pollo** *Para 4 personas*

**1 pollo de grano (de 1 kg)
Sal
Pimienta blanca recién molida
Harina para rebozar
1 cebolla blanca grande
3 cucharadas de mantequilla
4 cucharadas de aceite de oliva
12,5 cl de vino blanco seco
1 hoja de laurel
1/4 de litro de caldo de pollo
2 yemas de huevo
El zumo de 1 limón
Perejil (opcional)**

Tiempo de preparación: 1 1/4 hora

2300 kJ/550 calorías por ración

1 Lave el pollo y séquelo. Córtelo en 10 o 12 trozos. Retire las astillas de los huesos, salpimente y reboce en harina.

2 Pele la cebolla y córtela en aros. Caliente la mantequilla y el aceite en una cazuela. Añada el pollo y saltéelo hasta que esté dorado por todos lados. Trasládelo de la cazuela a un plato. Precaliente el horno a 140º C.

3 Añada los aros de cebolla a la cazuela y saltéelos hasta que transparenten. Vierta el vino y remueva. Añada el laurel y siga cociendo hasta que la salsa espese. Vierta la mitad del caldo, póngalo al fuego y cuézalo 2 minutos.

4 Vuelva a poner el pollo en la cazuela, tápelo y cuézalo a fuego lento de 20 a 30 minutos, añadiendo de vez en cuando algo del caldo y volviendo a hervir la salsa cada vez. Retírelo del fuego, traslade el pollo a una fuente de servir y manténgalo caliente dentro del horno.

5 Bata las yemas de huevo junto con el zumo de limón y añádalo a los jugos de la cocción, removiéndolo todo enérgicamente. Salpiméntelo bien y caliéntelo a fondo pero a fuego lento, y sin dejar que llegue a hervir en ningún momento. Sirva el pollo en platos calientes, recubierto con la salsa y, si lo desea, decorado con unas hojitas de perejil.

Piccioni ripieni al forno

Fácil • Umbría   **Pichones rellenos asados**   *Para 4 personas*

4 pichones pequeños listos para meter en el horno con hígados y corazones (o higaditos de pollo)
Sal
Pimienta negra recién molida
4 lonchas de panceta de cerdo o de bacon sin corteza
6 cucharadas de aceite de oliva

Para el relleno:
20 g de mantequilla
12,5 cl de vino blanco seco
2 panes de alcachofa o 2 panecillos grandes, sin corteza
12,5 cl de leche
30 g de perejil
4 dientes de ajo
1 loncha gruesa de jamón (40 g)
1 huevo
Nuez moscada recién rallada

Tiempo de preparación: 1 1/2 hora

3300 kJ/790 calorías por ración

1 Lave los pichones y séquelos. Elimine las plumas y salpiméntelos por dentro y por fuera. Limpie los hígados y los corazones, quitando los tejidos conjuntivos; lávelos y séquelos.

2 Para el relleno, funda la mantequilla en una sartén y saltee los hígados y los corazones un momento. Vierta la mitad del vino, tápelo y cuézalo a fuego lento unos 10 minutos. Mientras tanto, ponga el pan en remojo en la leche. Lave, seque y pique el perejil. Pele y pique los ajos. Corte el jamón en dados. Bata los huevos y precaliente el horno a 200°C.

3 Pique los hígados y los corazones y mézclelos con el perejil, los ajos, el jamón cortado en dados y el huevo. Salpiméntelo y condiméntelo con nuez moscada. Estruje el pan para que se seque, píquelo finamente, añádalo al resto de los ingredientes y trabájelo todo bien para que se una.

4 Rellene las aves con la mezcla. Cosa las aberturas o ciérrelas con palillos. Envuelva cada pichón con una tira de panceta de cerdo. Vierta el aceite en una bandeja de horno para asar y ponga encima los pichones. Áselos en el centro del horno durante 1 hora más o menos, dependiendo del tamaño de las aves, hasta que estén bien dorados, remojándolos con el resto del vino de vez en cuando.

5 Corte y saque los hilos o los palillos y, si lo desea, corte cuidadosamente los pichones por la mitad con unas tijeras de trinchar aves. Colóquelos sobre una fuente de servir caliente. Sírvalos con patatas asadas.

Vino: una buena elección sería un tinto seco de Toscana, como el Vino nobile di Montepulciano, o un Chianti Classico.

Quaglie al tegame

Codornices asadas

8 codornices grandes, listas para meter en el horno
Sal
Pimienta negra recién molida
8 hojas de salvia fresca
8 dientes de ajo
8 cucharadas de pasas
4 cucharadas de aceite de oliva
12,5 cl de vino blanco seco
500 g de espinacas frescas

Tiempo de preparación: 50 minutos

2500 kJ/600 calorías por ración

1 Lave las codornices, séquelas con papel de cocina y quíteles las plumas que pueda tener. Salpiméntelas ligeramente por dentro y por fuera.

2 Lave y seque las hojas de salvia. Pele los dientes de ajo. Rellene cada codorniz con 1 hoja de salvia, 1 diente de ajo y 1 cucharada de pasas. Cierre las aberturas y asegúrelas con palillos.

3 Caliente el aceite en una cazuela grande, añada las codornices y fríalas durante 5 minutos hasta que estén ligeramente doradas por todas partes.

4 Vierta por encima la mitad del vino, tápelo y cueza las aves a fuego lento 20 o 30 minutos, rociándolas con el vino restante de vez en cuando. Luego quite la tapa y siga cociéndolo durante unos 5 minutos más, hasta que la salsa comience a espesarse.

5 Mientras tanto, corte los tallos de las espinacas y lávelas muy bien. Coloque la espinacas mojadas en un cazo, tápelo y cuézalas al vapor a fuego lento alrededor de 1 minuto, hasta que las hojas se pongan de un color verde oscuro. Escúrralas, estrújelas bien y píquelas.

6 Saque las codornices de la cazuela, quíteles los palillos y manténgalas calientes. Eche las espinacas a la cazuela y saltéelas un momento, removiéndolas en los jugos de cocción, salpiméntelas. Sirva las codornices con los jugos de cocción acompañadas de las espinacas.

Vino: este plato va bien con un vino tinto seco de Basilicata, como el excelente Aglianico del Vulture.

CRONACHE ITALIANE

ure al grigiore del mercato

te forti | Il boom de

ine contra crisi | Bici

cam/micolori | E' I'

MILANO –
per signore. M
che Pedalat
prattutto
quella
sun

embra in copertina
una fa ja in versa-
Gib di l'usso di
giani sac'
ieri s' grandi
su d' l'
occone
lasfor
de
le

CONTORNI

L as verduras, las ensaladas frescas y la fruta se encuentran entre los mayores tesoros culinarios de Italia. Agrupados como *contorni* (guarniciones), acompañan a los segundos platos, servidos por separado para conservar su sabor intacto. Pero muchos de estos platos (la *caponata* siciliana, las *melanzane alla parmigiana* o la *bagna cauda*, por ejemplo) también pueden ser servidos como primeros platos o platos principales.

Sin importar cómo se sirvan, las reglas siguen siendo las mismas: sólo deben presentarse las verduras mejores y más frescas, y si se tratan sencillamente serán más sabrosas. Durante los días calurosos la *insalata mista* (ensalada mixta) es lo único que se necesita. Por lo que respecta a los platos cocinados, es mejor cocer las verduras al vapor para mantener intactos tanto sus sabores como sus vitaminas.

Entre sus muchas posibilidades de elección, a los italianos les gustan en especial las verduras y las hierbas silvestres. Entre ellas se incluyen distintos tipos de setas, exquisitos espárragos silvestres y el hinojo, el romero y el orégano y muchas hojas y flores diversas para mezclar en las ensaladas.

De las verduras cultivadas el primer lugar lo ocupan las berenjenas, seguidas de cerca por los pimientos verdes, espinacas, brécol, calabacines, guisantes, apio y zanahorias. Los tomates, considerados como fruta, y las alcachofas, se cultivan en grandes cantidades.

Pomodori ripiene
Tomates rellenos

Para 8 personas

**8 tomates maduros, grandes,
carnosos y firmes
Sal
4 huevos
150 g de bonito en aceite
150 g de queso mozzarella
30 g de albahaca
8 aceitunas verdes
3 filetes de anchoa de lata en aceite
Pimienta negra recién molida
4 cucharadas de aceite de oliva
virgen
4 aceitunas negras grandes**

Tiempo de preparación: 40 minutos

1100 kJ/260 calorías por ración

1 Lave los tomates y corte la parte superior. Con la ayuda de una cucharita, saque cuidadosamente las semillas y tírelas. Saque la pulpa, píquela finamente y resérvela. Espolvoree el interior de los tomates con un poco de sal y déjelos reposar boca abajo para que suelten el exceso de líquido. Cueza los huevos hasta que estén duros.

2 Escurra bien el bonito y deshágalo en trocitos. Corte la mozzarella en dados. Quite los tallos de las hojas de albahaca y lávelas; seque y pique finamente la mitad. Deshuese las aceitunas verdes y córtelas en aros. Escurra las anchoas y píquelas en trocitos. Pele los huevos y córtelos en dados. Coloque todos los ingredientes en un recipiente grande, añada la pulpa de tomate reservada y mézclelo ligeramente. Salpiméntelo.

3 Rocíe la parte interior de los tomates con 3 cucharadas de aceite de oliva. Rellénelos con la mezcla del bonito y colóquelos en platos individuales. Corte las aceitunas negras por la mitad y deshuéselas. Decore los tomates con las aceitunas y la albahaca restante, y rócíelos con el aceite de oliva. Sírvalos como guarnición o como primer plato.

Variante: el bonito para el relleno se puede sustituir por arroz. Mezcle de 8 a 10 cucharadas de arroz cocido con 1 cucharadita de orégano seco y algo de perejil picado. Omitiendo el bonito y la albahaca, mézclelo con los demás ingredientes como se indica en la receta.

El tomate

El tomate, en su origen una planta silvestre de los Andes, fue cultivado por primera vez por los aztecas de México, de donde fue llevado por los españoles al Sur de Italia en el siglo XVI. Con los años los tomates se han convertido en un ingrediente vital en muchos platos italianos.

El tomate original era amarillo (de ahí su nombre italiano, *pomodoro*, «manzana dorada»), no como el fruto rojo que comemos hoy. Actualmente, la cocina italiana utiliza todas sus variedades, entre las que se incluye el tomate grande y carnoso, el mejor para las ensaladas; los tomates cereza redondos y el alargado tomate ciruela,

comúnmente utilizado para enlatar y para las salsas.

Estos últimos se cultivan principalmente en el Sur del país, y predominan en su cocina. En pleno verano el comienzo de la cosecha del tomate, en Sicilia, por ejemplo, es una celebración de todos, cuando las mujeres se reúnen para conservar la fruta recogi-

da, pelada y enlatada entera o triturada. Los tomates de piel gruesa, *pomodori a grapolo*, se atan y cuelgan por los tallos para que se sequen bien de cara al invierno. También se conservan secándolos al sol (arriba). Los tomates secos, *pomodori secchi*, se comen en aceite de oliva y son de un incomparable sabor picante.

Peperonata

Fácil · Sicilia **Pimientos con tomates y cebollas** *Para 4 personas*

500 g de tomates maduros y alargados
500 g de pimientos rojos
500 g de pimientos amarillos
2 cebollas grandes blancas
6 cucharadas de aceite de oliva
Sal
30 g de albahaca

Tiempo de preparación: 50 minutos

940 kJ/220 calorías por ración

1 Escalde los tomates en agua hirviendo y pélelos. Píquelos en trocitos.

2 Lave los pimientos y quíteles los tallos. Corte cada pimiento por la mitad y quíteles las semillas y las estrías blancas del interior. Córtelos en tiras de 1,5 cm de ancho aproximadamente. Pele y lamine finamente las cebollas.

3 Caliente 5 cucharadas de aceite de oliva en un cazo grande y saltee las cebollas hasta que estén transparentes.

4 Añada los pimientos, saltéelos alrededor de 5 minutos y añada luego los tomates picados. Sazone con sal.

5 Eche alrededor de 12,5 cl de agua. Tápelo y cuézalo a fuego lento alrededor de 35 minutos. Si la mezcla se secara demasiado, añada más agua según se vaya necesitando. Mientras tanto, quite los tallos a las hojas de albahaca, lávela y séquela.

6 Decore la *peperonata* con las hojas de albahaca y rocíela con el aceite de oliva restante. Sírvala caliente.

Nota: para darle más sabor, añádale 1 o 2 cucharadas de alcaparras y/o aceitunas negras. La *peperonata* también está buena fría aliñada con un poco de vinagre de vino.

Fagioli all'ucelleto

Fácil, elaborada · Florencia **Judías blancas con tomates y salvia** *Para 4 o 6 personas*

400 g de habichuelas secas o judías blancas (u 800 g de habichuelas blancas frescas con piel)
400 g de tomates frescos o de lata
10 hojas de salvia fresca
4 dientes de ajo
6 cucharadas de aceite de oliva virgen · Sal
Pimienta negra recién molida

Tiempo de preparación: 2 horas (más el remojo de las judías)

2000 kJ/480 calorías por ración (si es para 6 personas)

1 Si utiliza judías blancas secas, póngalas a remojar en 1 litro de agua unas 8 horas o toda la noche. Luego escúrralas, póngalas en una cazuela con 1 litro de agua fresca, añada sal y déle un hervor sin tapar la cazuela. Hiérvalas a fuego fuerte durante unos minutos, luego tápelas y cuézalas a fuego lento 1/2 hora, hasta que estén tiernas. Si utiliza judías frescas, pélelas y cuézalas en seguida alrededor de 1 hora.

2 Pele los tomates y quíteles las semillas (p. 41, paso 3). Escurra los tomates si son de lata. Pique los tomates.

Lave las hojas de salvia y séquelas. Pele los ajos y lamínelos finamente.

3 Caliente 4 cucharadas de aceite de oliva en una cazuela, añada el ajo y las hojas de salvia y saltéelos un momento. Escurra las judías blancas una vez cocidas y añádalas a la cazuela. Sazónelas con sal y con abundante pimienta, y cuézalas a fuego lento unos 5 minutos.

4 Añada los tomates, tápelo y cuézalo suavemente a fuego lento unos 15 minutos. Rocíelo con el resto del aceite de oliva y sírvalo caliente.

Caponata siciliana

Elaborada · Sicilia **Menestra siciliana** **Para 4 o 6 personas**

700 g de berenjenas
Sal
2 cebollas blancas medianas
3 ramas de apio
500 g de tomates frescos o de lata
50 g de aceitunas verdes
4 filetes de anchoa en aceite
10 cucharadas de aceite de oliva
Pimienta negra recién molida
Harina para rebozar
3 cucharadas de vinagre de vino blanco
3 cucharaditas de azúcar
1 cucharada de alcaparras
1 cucharada de piñones
Hojas de albahaca para decorar (opcional)

Tiempo de preparación: 1 1/2 hora (más el de enfriado)

1000 kJ/240 calorías por ración (si es para 6 personas)

1 Quite los tallos a las berenjenas. Lávelas y córtelas a lo largo en rodajas de 1 cm de grosor (ver p. 118, paso 1). Espolvoree las rodajas con sal, métalas en un tamiz o en un colador y déjelas reposar durante 1 hora para que suelten los jugos amargos. Enjuáguelas bien, séquelas en papel de cocina y córtelas en dados.

2 Mientras las berenjenas están sudando, pele las cebollas y córtelas en aros finos. Limpie el apio, lávelo bien bajo el chorro de agua y pélelo. Córtelo en trozos de 2 cm de largo.

3 Pele los tomates frescos y quíteles las semillas (p. 41, p.3) o escurra los tomates de lata. Pique los tomates en trocitos. Deshuese y trocee las aceitunas y escurra las anchoas.

4 Caliente 2 cucharadas de aceite de oliva en una sartén. Saltee las cebollas

hasta que estén transparentes, luego añádales el apio y saltéelo unos 5 minutos (arriba). Salpiméntelo. Trasládelo a un recipiente y resérvelo.

5 En una sartén, caliente 6 cucharadas de aceite de oliva hasta que esté muy caliente. Reboce ligeramente las berenjenas en harina y fríalas en tandas durante 8 o 10 minutos, hasta que estén

bien doradas (arriba). Sáquelas de la sartén con una espumadera y déjelas escurrir en papel de cocina.

6 Limpie la sartén y caliente el resto del aceite. Saltee rápidamente los filetes de anchoa. Añádales los tomates y, una vez que hayan pasado unos 7 minutos, las cebollas cocidas, el apio y las berenjenas. Mezcle el vinagre y el azúcar y viértalo en la sartén. Siga cociéndolo a fuego lento de 10 a 15 minutos, removiendo frecuentemente. Añada las aceitunas, las alcaparras y los piñones y mezcle todo bien. Salpiméntelo.

7 Traslade la *caponata* a un cuenco de servir y déjela reposar en un lugar fresco. Si lo desea, puede decorarla con hojas de albahaca. Sírvala como guarnición o como primer plato.

Variante: añada a la *caponata*, junto con las cebollas y el apio, 1 cucharada de pasas, previamente remojadas en agua tibia durante unos 15 minutos y escurridas.

Nota: la *caponata* es una excelente guarnición para las *braciole di maiale alle olive* (receta, p. 94). También sirve de primer plato con pan blanco tostado o como plato principal servido con jamón de Parma y queso pecorino.

Carciofi fritti

Alcachofas fritas

2 huevos
60 g de harina
Sal
4 cucharadas de leche
8 alcachofas jóvenes y carnosas
El zumo de 1 limón
12,5 cl de aceite de oliva
Pimienta negra recién molida
2 limones para la decoración

**Tiempo de preparación: 30 minutos
(más 1 hora de reposo)**

1000 kJ/240 calorías por ración

1 En un cuenco para mezclar, bata los huevos junto con la harina y sazónelos con sal. Remuévalo enérgicamente hasta obtener una mezcla medio espesa, añadiendo la leche poco a poco. Si hiciera falta, deje reposar la mezcla durante 1 hora.

2 Mientras tanto, rompa los tallos de las alcachofas jóvenes. Arranque las hojas externas que estén duras y, con un cuchillo afilado, limpie las puntas del resto. Corte las alcachofas a lo largo en cuartos y quíteles las hojas moradas y las pelusas. Ponga en seguida las alcachofas limpias en un recipiente con agua y zumo de limón, hasta que estén listas para hacerse.

3 Caliente el aceite de oliva en una sartén. Escurra los cuartos de alcachofa y rebócelos en la mezcla de uno en uno. Métalos en una sartén en tandas pequeñas y fríalos por todos lados hasta que estén crujientes. Baje el fuego y siga friéndolos entre 5 y 6 minutos.

4 Escurra bien las alcachofas sobre papel de cocina y salpiméntelas. Corte cada limón en 8 gajos. Coloque las alcachofas en una fuente de servir con los gajos de limón y sírvalas calientes.

Variante: la mezcla para rebozar también se puede utilizar para freír 250 g de calabacines y 250 g de ramilletes de coliflor.

Asparagi al prosciutto

Elaborada • Emilia-Romaña **Espárragos con jamón** *Para 4 personas*

1,5 kg de espárragos trigueros
Sal
70 g de mantequilla
4 lonchas de queso fontina o gouda
16 lonchas de jamón o panceta de cerdo sin corteza
50 g de queso parmesano recién rallado
Pimienta blanca recién molida

Tiempo de preparación: 1 1/2 hora

2000 kJ/480 calorías por ración

1 Corte la parte dura de los espárragos y pele las puntas. Lave los espárragos y, con un bramante fino, átelos en manojos iguales. Ponga a cocer 3 litros de agua en una cazuela estrecha y lo suficientemente alta para que cubra los espárragos puestos de pie (las puntas no deben cubrirse con el agua). Meta los manojos de espárragos en la cazuela, tápela y cuézalos entre 5 y 10 minutos, hasta que estén tiernos.

2 Mientras tanto, precaliente el horno a 200º C. Barnice una fuente de horno con la mitad de la mantequilla. Corte el queso fontina o el gouda en dados. Saque los espárragos del agua. Aclárelos en agua muy fría para parar la cocción, y escúrralos en un paño limpio. Quite el bramante.

3 Divida los espárragos en 8 raciones, y envuelva cada una en 2 rodajas de jamón o de panceta, dejando al aire las puntas. Coloque los espárragos en dos capas sobre la fuente, poniendo encima de cada capa los dados de queso y unos trocitos de mantequilla.

4 Tape la fuente con papel aluminio y hornéela unos de 8 minutos. Quite el papel de aluminio, espolvoree con el queso parmesano y horne la fuente destapada durante 7 minutos. Salpimente los espárragos y sírvalos calientes.

Nota: los espárragos trigueros deben ser muy frescos y crujientes. Al comprarlos, si son envasados, verifique que las puntas no estén secas, quite la piel y corte el extremo duro. Se secan rápidamente y deben limpiarse justo antes de su cocción.

Melanzane alla parmigiana

Compleja · Parmaa **Berenjenas con queso** *Para 4 o 6 personas*

1 kg de berenjenas
Sal
600 g de tomates frescos o de lata
1 zanahoria
1 rama de apio
1 cebolla mediana
2 dientes de ajo
30 g de albahaca
Aceite de oliva virgen
Pimienta negra recién molida
1 guindilla pequeña y fresca
2 huevos
Harina para rebozar
300 g de mozzarella
200 g de queso parmesano recién rallado

Tiempo de preparación: 2 horas (más el tiempo para enfriarse)

1700 kJ/400 calorías por ración (si es para 6 personas)

1 Corte los tallos de las berenjenas y córtelas a lo largo en rodajas de 1 cm de grosor (arriba). Espolvoréelas con sal, colóquelas en un tamiz o en un colador, y déjelas reposar durante 1 hora para que suelten los jugos amargos. Enjuáguelas bajo el chorro de agua fría y séquelas bien.

2 Mientras, haga la salsa. Si usa tomates frescos, pélelos y límpielos (p. 41, paso 3), y si son de lata escúrralos. Pique los tomates, pele y corte en dados la zanahoria. Lave y pele el apio, y córtelo en rodajas de 5 mm. Pele la cebolla y los dientes de ajo y pique todo finamente. Quite los tallos a la albahaca y lave y seque las hojas.

3 Caliente 2 cucharadas de aceite de oliva en una cazuela, añada la cebolla y saltéela hasta que esté transparente. Añada el ajo y fríalo unos minutos más, luego añada la zanahoria y el apio y siga cocinándolo unos minutos más. Añada el tomate picado. Corte la mitad de las hojas de albahaca en tiras y añádalas a la cazuela. Salpiméntelo y añada la guindilla entera. Tápelo y cuézalo a fuego lento unos 20 minutos. Al terminar la cocción, saque la guindilla. Mientras la salsa se está haciendo, cueza los huevos hasta que estén duros.

4 Caliente abundante aceite de oliva en 2 sartenes. Reboce las rodajas de berenjena en harina y fríalas unos 5 o 10 minutos por cada lado, hasta que se doren. Escurra las rodajas de berenjena en papel de cocina.

5 Precaliente el horno a 190°C. Escurra el mozzarella y córtelo en dados.

Pele y corte los huevos cocidos en rodajas. Barnice una fuente de horno con 1 cucharada de aceite de oliva.

6 Cubra el fondo de la fuente con una capa de berenjenas. Espolvoréelo con parmesano recién rallado. Coloque una capa de dados de mozzarella con las rodajas de huevo y recúbrala con la salsa de tomate (arriba). Repita la misma operación hasta que utilice todos los ingredientes, reservando 2 cucharadas de queso parmesano.

7 Cocínelo en el centro del horno unos 35 minutos. Sáquelo del horno, espolvoréelo con el parmesano reservado y vuelva a meterlo en el horno otros 5 o 10 minutos. Déjelo enfriar. Decórelo con las hojas de albahaca restantes. Rocíelo con aceite y sírvalo frío.

Vino: tinto de Emilia-Romaña, o el espumoso Lambrusco di Sorbara.

Frittana di patate e zucchini

Fácil · Friuli **Tortilla de patata y calabacín** *Para 4 o 6 personas*

3 patatas medianas
2 calabacines (alrededor de 200 g)
1 cebolla mediana
6 cucharadas de aceite de oliva
Sal
1/2 cucharadita de romero fresco o
1/4 de cucharadita si es seco
6 huevos
Pimienta negra recién molida
30 g de perejil

Tiempo de preparación: 45 minutos

2000 kJ/480 calorías por ración

1 Pele y lave las patatas, córtelas en láminas tan finas como el papel. Lave los calabacines y córteles los extremos, luego córtelos en rodajas de unos 5 mm de grosor. Pele y pique finamente la cebolla.

2 Caliente 4 cucharadas de aceite de oliva en una sartén honda. Primero añada la cebolla y luego las patatas; dórelas por ambos lados. Sazónelo con sal y romero, tápelo y cuézalo a fuego lento de 15 a 20 minutos. Añada los calabacines y déjelos hacerse otros 5 minutos, removiéndolo con cuidado.

3 En un recipiente grande, bata los huevos y salpiméntelos. Traslade la verdura de la sartén al recipiente y mezcle todo muy bien. Caliente el resto del aceite de oliva en la misma sartén. Vuelva a echar todo a la sartén y déjelo hacerse a fuego lento durante 5 minutos, hasta que la tortilla cuaje. Déle la vuelta y deje que se haga por el otro lado, hasta que esté bien dorada.

4 Lave, seque y pique el perejil. Coloque la tortilla en una fuente de servir y esparza por encima el perejil. Sírvala caliente o fría con pan crujiente.

Crespelle magre di spinaci

Elaborada · Emilia-Romaña **Crepes rellenos de espinacas** *Para 4 personas*

Para la pasta:
125 g de harina de trigo
3 huevos
25 cl de leche · Sal
30 g de mantequilla
Pimienta negra recién molida

Para el relleno:
500 g de espinacas frescas · Sal
4 cucharadas de pasas
3 cucharadas de aceite de oliva
30 g de mantequilla
4 lonchas de jamón serrano o de York · 2 cucharadas de piñones
100 g de queso parmesano rallado

Tiempo de preparación: 1 hora
(y 30 minutos de reposo y remojo)

2900 kJ/690 calorías por ración

1 En un cuenco, mezcle la harina, los huevos, la leche y la sal hasta obtener una pasta fina. Funda la mantequilla, enfríela e incorpórela. Sazónela con pimienta y déjela reposar 30 minutos.

2 Mientras, limpie y lave las espinacas y póngalas en una cazuela. Cuézalas al vapor 1 minuto en el agua de lavarlas. Sazónelas y escúrralas bien, reservando el agua; luego píquelas. Ponga las pasas en el agua de las espinacas 15 minutos.

3 Caliente 2 cucharadas de aceite con la mitad de la mantequilla. Corte el jamón en dados y saltéelo hasta dorarlo. Añada las espinacas, los piñones y las pasas escurridas y remuévalo. Cueza todo 5 minutos, páselo a un cuenco y mézclelo con la mitad del parmesano.

4 Barnice una sartén con la mantequilla restante. Vierta 1/8 de la mezcla para hacer un crepe fino, y dórelo por ambos lados. Úntelo con el relleno y enróllelo; haga 7 crepes más. Coloque los crepes en una fuente de servir caliente. Espolvoréelos con el parmesano restante, sazónelos con pimienta y el resto del aceite; sírvalos caliente.

Variante: Crespelle al forno
(Crepes gratinados)
Precaliente el horno a 170º C. Prepare los crepes rellenos como en la receta anterior. Unte de mantequilla una fuente de horno, coloque 4 crepes, cúbralos con 100 g de mozzarella en rodajas, ponga los otros crepes encima, cúbralos con salsa bechamel (p. 57) y métalos al horno 10 minutos hasta que se doren.

Bagna cauda

Fácil · Piamonte

Verduras con salsa de ajo y anchoas

Para 4 o 6 personas

1 coliflor pequeña y joven
200 g de brécol
2 bulbos de hinojo
1 cabeza de apio
3 pimientos (1 rojo, 1 verde y
1 amarillo)
6 o 9 zanahorias
2 endivias
1 manojo de cebolletas

Para la salsa:
100 g de anchoas en aceite
4 o 6 dientes de ajo
50 g de mantequilla
20 cl de aceite de oliva virgen

Tiempo de preparación: 1 hora

**2300 kJ/350 calorías por ración
(si es para 6 personas)**

1 Limpie la coliflor. Lave el brécol y limpie la parte dura de los tallos y de la piel (arriba). Ponga a cocer agua salada en una cazuela y cueza lentamente la coliflor y el brécol durante 5 minutos. Escúrralos muy bien y divídalos en ramilletes.

2 Limpie los bulbos de hinojo, cortándoles los tallos, las manchas marrones y las estrías duras de las hojas externas. Lávelos bien y cuartéelos. Separe el apio en ramas, pele los hilachos y lávelo muy bien. Corte las ramas en trozos de 5 cm de largo.

3 Lave los pimientos, córtelos por la mitad y quíteles los tallos, las semillas y las estrías blancas del interior. Córtelos a lo largo en tiras de 1 cm de grosor. Pele las zanahorias y córtelas en palitos. Limpie y lave las endibias y separe las hojas. Pele y limpie las cebolletas y córtelas en trozos cortos.

4 Escurra las anchoas, aclárelas y séquelas. Pele y pique finamente los ajos. Funda la mantequilla a fuego lento en una sartén o en una cazuela, añada el ajo y saltéelo un momento. Añada las anchoas y deshágalas aplastándolas con un tenedor (arriba, a la derecha). Poco a poco, mezcle el aceite de oliva. Caliéntelo muy bien durante unos 5 mi-

nutos, removiéndolo frecuentemente, hasta que se forme una salsa cremosa. Déjelo cocer a fuego lento otros 5 minutos.

5 Coloque la verdura en una fuente de servir. Manténga la salsa caliente en la mesa con un calentador o quemador de fondue. La verdura se come con las manos, cada comensal se sirve su parte y luego moja la verdura en la salsa. Sírvala con abundante pan fresco.

Vino: un tinto de los mejores de Piamonte, como el Barolo o el Barbera.

Variante: Pinzimonio
Como alternativa, fría todo sin utilizar ajo, mezcle 20 cl de aceite de oliva, sal, pimienta y 2 o 3 cucharadas de vinagre de hierbas o de zumo de limón. Mezcle todo y sírvalo junto con la verdura cruda.

Nota: la *bagna cauda* se sirve tradicionalmente en pequeños cacharros de piedra. La verdura clásica que se utiliza es el cardo, el tallo pálido perteneciente a una planta de la familia de la alcachofa que se cultiva al final del otoño. En primavera y principio del verano la *bagna cauda* se puede servir como primer plato utilizando cualquier verdura joven de estación.

DOLCI

Los italianos terminan una comida con queso y fruta y, como remate final, un *dolce* o postre dulce. Entre los quesos adecuados se encuentran el pecorino, el parmesano, el gorgonzola o la *scamorza* ahumada en forma de pera, hecha de leche de búfala. La fruta fresca de estación es deliciosa por sí sola, pero también se puede mojar ligeramente con zumo de limón o algún licor, o escalfar en almíbar o vino (*frutta cotta*). La fruta también forma parte del gran surtido de tentadores postres italianos.

Algunos *dolci,* como la *cassata alla siciliana,* una rica tarta de requesón y frutas escarchadas con chocolate y licor, o la clásica *zuppa inglese,* especie de bizcocho borracho, pertenecen a lo más destacado del arte culinario italiano, y generalmente sólo aparecen en la mesa los domingos, durante las vacaciones o en las grandes celebraciones familiares, cuando los invitados también suelen llevar sus propios postres.

Como postres más de diario hay tartas y fruta cocida, cremas y budines, y un gran surtido de pasteles y bizcochos. Y en el verano (en realidad durante todo el año) hay helados y sorbetes de todos los sabores imaginables.

Un vaso de Moscato u otro vino dulce, como el Marsala o el Vin Santo, va bien con muchos postres. Para terminar la comida de un modo verdaderamente italiano, la comida acabará con un café expreso negro y fuerte.

Pesche ripiene

Fácil · Sicilia — **Melocotones rellenos**

Para 4 personas

4 melocotones maduros pero de pulpa firme
50 g de almendras
60 g de amaretti (mostachones) o de bizcochos de espuma
Azúcar glas
2 rodajas de naranja escarchada
10 cl de vino blanco dulce
2 cucharadas de mantequilla

**Tiempo de preparación:
40 minutos**

**840 kJ/200 calorías
por ración**

1 Precaliente el horno a 180º C. Escalde los melocotones un momento en el agua hirviendo, y luego pélelos. Corte la fruta por la mitad, saque los huesos y resérve tres de ellos. Con una cuchara, retire un poco de pulpa de cada una de las mitades para hacer un hueco y poder rellenarlo. Coloque la pulpa que haya quitado en un cuenco y aplástela con una cuchara.

2 Rompa los huesos de melocotón y saque las semillas. Escalde las almendras en agua hirviendo durante 1 minuto, y luego pélelas. Reserve 8 almendras enteras para la decoración. Machaque el resto de las almendras junto con las semillas de los melocotones en un mortero o en una picadora.

3 Deshága los *amaretti* o los bizcochos y mézclelos en el cuenco junto con las almendras y la pulpa de fruta. Añada 1 cucharadita de azúcar en polvo. Corte la naranja escarchada en dados y añádala a la mezcla. Vierta la mitad del vino y remuévalo enérgicamente hasta que se una bien el relleno.

4 Rellene las mitades de melocotón con la masa. Unte una fuente de horno con la mantequilla. Coloque las mitades de melocotón en la fuente, decore cada mitad con una almendra entera y rocíe todo con el resto del vino.

5 Meta los melocotones al horno de 15 a 20 minutos. Espolvoréelos con azúcar glas y sírvalos calientes o fríos.

Pere ripiene con Gorgonzola

Fácil • Lombardía   **Peras rellenas con queso gorgonzola**   **_Para 4 personas_**

4 peras grandes y de pulpa firme
El zumo de 1 limón
50 g de queso gorgonzola suave
3 cucharadas de nata montada
50 g de nueces picadas

Tiempo de preparación: 30 minutos

1100 kJ/260 calorías por ración

1 Pele las peras y córtelas por la mitad a lo largo, dejando los rabos pegados a una de las dos mitades de cada pera. Descorazónelas y, con la ayuda de una cucharilla, saque cuidadosamente un poco de la pulpa de cada mitad y métala en un cuenco. Ponga las mitades de pera en una fuente y frótelas por dentro y por fuera con limón.

2 Mezcle el gorgonzola y la nata montada con la pulpa de las peras, y bátalo todo bien hasta conseguir una masa cremosa.

3 Coloque 1 cucharada de la mezcla en el hueco de cada media pera. Presione las mitades con cuidado para que se unan y colóquelas en 4 platos. Espolvoréelas con las nueces picadas.

Variante: Pere cotte

(Peras en almíbar)

Pele 1 kg de peras de pulpa firme. Ponga 6 cucharadas de agua, 4 cucharadas de zumo de limón, 4 cucharadas de azúcar y 1 vaina de vainilla en una cazuela ancha. Déle un hervor, removiéndolo hasta que el azúcar se disuelva. Coloque las peras en una capa en la cazuela. Tápelas, y cuézalas a fuego lento 10 o 20 minutos, dándoles una vez la vuelta hasta que estén tiernas. Retire la vainilla y sírvalas frías en el almíbar.

Fritelle di riso

Elaborada · Toscana

Buñuelos de arroz

Para 4 personas

1/2 limón
1/2 litro de leche
100 g de arroz de grano redondo
50 g de mantequilla sin sal
Sal
2 yemas de huevo
2 o 3 cucharadas de harina
1 cucharadita de levadura seca
2 cucharadas de vino Vin Santo
o de ron
La ralladura fina de 1/2 naranja
2 cucharadas de azúcar
3 cucharadas de pasas
1 clara de huevo
1 cucharada de piñones
Aceite vegetal para freír
Azúcar glas

**Tiempo de preparación: 1 1/4 hora
(más 30 minutos de reposo)**

1600 kJ/380 calorías por ración

1 Lave el limón en agua caliente y séquelo. Corte la corteza en tiras finas.

2 Dé un hervor a la leche, añada el arroz y cuézalo 1 minuto, removiéndolo constantemente. Añada la mantequilla, un pellizco de sal y la corteza de limón. Cuézalo a fuego lento, destapado de 15 a 20 minutos, hasta que el arroz esté blando, removiéndolo de vez en cuando. Quítelo del fuego y deje que el arroz se enfríe un poco. Tire la corteza de limón.

3 Mezcle las yemas de huevo con el arroz. Añada la harina, la levadura y el vino o el ron. Luego mezcle la corteza de naranja, el azúcar y las pasas. Deje reposar la mezcla unos 30 minutos.

4 Monte las claras de huevo hasta que estén espesas. Añada los piñones a la mezcla de arroz, luego incorpore con cuidado las claras de huevo (abajo).

5 Caliente bastante aceite vegetal en una sartén. Vaya colocando varias cucharadas de la mezcla de arroz, una por una, en el aceite caliente (arriba) y fríalas, hasta que estén bien doradas

por ambos lados, unos 2 minutos aproximadamente. Escurra los buñuelos sobre un papel de cocina y manténgalos calientes.

6 Coloque las *fritelle* en una fuente de servir y espolvoréelas con azúcar glas. Sírvalas calientes.

Vino: sírvalas con el resto del Vin Santo o con un Picolit de Friul.

Variante: Dolcini di riso
(Pastelitos de arroz)
Precaliente el horno a 180°C. Prepare la mezcla de arroz tal y como se indica en la receta anterior de las *fritelle,* omitiendo la levadura y la harina, y añada 30 g de corteza escarchada picada. Unte de mantequilla 4 o más moldes de suflé individuales, espolvoréelos por dentro con pan rallado y añada luego la mezcla de arroz. Métalos en el horno unos 15 minutos y sírvalos calientes.

Nota: en Italia, las *fritelle* se toman como postre tradicional en el Día del Padre.

Latteruolo

Flan de vainilla

Algo difícil • Emilia-Romaña

Para 4 personas

1 vaina de vainilla
1 litro de leche
150 g de azúcar
8 yemas de huevo
2 claras de huevo
Sal
50 g de mantequilla
El zumo de 1/2 limón
3 cucharadas de vino de Marsala

Tiempo de preparación: 2 horas

2300 kJ/550 calorías por ración

1 Abra la vaina de vainilla y raspe las semillas. Ponga la leche, 100 g de azúcar y las semillas en una cazuela. Déle un hervor y cuézalo 1 hora a fuego lento, removiéndolo hasta que se reduzca a la mitad. Tamícelo, viértalo a un cuenco y déjelo enfriar.

2 Precaliente el horno a 180º C. Bata las yemas hasta que estén espumosas, y mézclelas con la leche fría. Bata las claras con un pellizco de sal hasta que estén montadas y espesas, e incorpórelas a la mezcla de la leche.

3 Unte con la mantequilla 4 moldes, vierta la mezcla, tápelos con papel de aluminio y colóquelos al baño maría o en una cazuela con agua caliente hasta la mitad de los moldes. Métalos en el horno unos 40 minutos. Verifique la cocción con un palillo; debe salir limpio después de pinchar los flanes.

4 Quite el papel de aluminio, déjelos enfriar y déles la vuelta. Disuelva el resto del azúcar en un cazo con 1/2 cucharadita de agua a fuego lento y remueva hasta que se oscurezca. Ya fuera del fuego, mezcle el zumo de limón y el vino de Marsala y viértalo por encima de los flanes.

Bigné di albicocche

Buñuelos de albaricoque

Compleja • Liguria

Para 4 personas

8 albaricoques grandes y firmes
3 cucharadas de vino de Marsala
1 1/2 cucharada de azúcar
3 bizcochos de espuma
1 rodaja de naranja escarchada

Para la pasta:
4 cucharadas de harina • Sal
1 cucharadita de azúcar
2 yemas de huevo
2 o 3 cucharadas de leche
1 clara de huevo

Mantequilla clarificada o aceite vegetal
15 g de azúcar glas

Tiempo de preparación: 45 minutos (más 1 hora de marinado y reposo)

1000 kJ/240 calorías por ración

1 Escalde los albaricoques en agua hirviendo, aclárelos en agua fría y pélelos. Con un cuchillo afilado, haga una incisión a lo largo de la ranura de cada fruta, saque los huesos y resérvelos.

2 Mezcle el vino de Marsala con 1 1/2 cucharada de azúcar en un cuenco hondo. Deje marinando los albaricoques en el vino durante 1 hora, dándoles la vuelta frecuentemente.

3 Mientras tanto, haga la mezcla para rebozar. Tamice la harina en un cuenco, añada un pellizco de sal y el azúcar, las yemas de huevo y leche hasta obtener un mezcla suave. Déjela reposar durante 1 hora.

4 Abra los huesos de los albaricoques y saque las semillas. Escalde éstas en agua hirviendo, pélelas y píquelas. Haga migas los bizcochos de espuma en un cuenco o en un plato sopero. Corte en dados la fruta escarchada y mézclela con las migas de los bizcochos y las semillas de los albaricoques. Escurra el vino de los albaricoques y añádalo a la mezcla. Rellene con una cuchara los albaricoques y presione las aberturas para que se unan y no se salga el relleno.

5 Monte las claras de huevo hasta que estén espesas e incorpórelas a la mezcla para rebozar. Caliente en una sartén la mantequilla o el aceite. Reboce la fruta en la mezcla y fríala hasta que esté bien dorada. Escúrrala.

6 Coloque los albaricoques en una fuente de servir. Antes de servirlos, espolvoréelos con azúcar glas.

Zuppa inglese della mamma

Algo difícil • Toscana

Natillas con chocolate y bizcochos

Para 6 u 8 personas

4 yemas de huevo
100 g de azúcar
2 cucharadas colmadas de harina
1 1/2 litros de leche
La ralladura de 1 limón muy fina
100 g de cacao en polvo
5 cucharadas de Alquermes
(licor de hierbas de Florencia)
200 g de bizcochos de espuma

Tiempo de preparación: 1 hora
(más 2 horas de enfriado)

1500 kJ/360 calorías
por ración
(si es para 8 personas)

1 En un cuenco de mezclar, bata las yemas de huevo con 70 g de azúcar hasta que estén espumosas. Añada la harina y, poco a poco, vierta y mezcle 1 litro de leche. Eche la corteza de limón, luego viértalo en una cazuela y cuézalo a fuego lento durante 5 o 6 minutos, removiéndolo constantemente, hasta que se formen unas natillas cremosas. Retírelo del fuego y resérvelo.

2 En otro cazo, mezcle el cacao en polvo junto con el resto del azúcar y la leche. Déle un hervor a fuego lento, removiéndolo constantemente. Cuézalo lentamente durante otros 5 minutos, hasta que la salsa espese. Retírelo del fuego y resérvelo.

3 Vierta el licor en un recipiente poco profundo. Moje rápidamente 1/3 de los bizcochos de espuma, uno por uno, y colóquelos en el fondo de un recipiente de cristal redondo. Cúbralos con 1/3 de las natillas, luego con 1/3 de la salsa de chocolate. Repita estas tres capas dos veces más, terminando con chocolate como decoración (ver foto).

4 Déjelo enfriar en el frigorífico durante al menos 2 horas. El postre sabrá incluso mejor si lo deja en el frigorífico durante la noche, así todos los sabores se mezclarán mejor.

Nota: esta *zuppa inglese* resulta ideal como postre en una fiesta.

Tiramisù

Fácil • Turín   **Tiramisú**   *Para 4 o 6 personas*

3 huevos
4 cucharadas de azúcar
250 g de queso mascarpone
1/4 de litro de café muy negro y frío
5 cucharadas de vermút o vino de
Marsala (vino dulce fuerte)
200 g de bizcochos de espuma
Cacao en polvo sin azúcar
o chocolate rallado

Tiempo de preparación: 30 minutos
(más 2 horas de enfriado)

1100 kJ/260 calorías por ración
(si es para 6 personas)

1 Separe las yemas de las claras. En un recipiente, bata las yemas junto con el azúcar hasta que espese y esté cremoso. Monte las claras por separado hasta que estén espesas.

2 Añada el mascarpone a las yemas de huevo, cucharada a cucharada, y mézclelo hasta que esté bien cremoso. Finalmente, incorpore las claras.

3 Mezcle el café con el vermút o el vino de Marsala en un recipiente poco profundo. Moje los bizcochos en el líquido por ambos lados y colóquelos en el fondo de una fuente de servir poco profunda. Vierta la mitad de la mezcla del mascarpone sobre los bizcochos.

4 Moje el resto de los bizcochos en el líquido y colóquelos sobre la crema de queso. Por último vierta por encima el resto de la crema y alise la superficie.

5 Tápelo y refrigérelo durante unas 2 horas. Antes de servirlo, espolvoréelo generosamente con cacao en polvo (con la ayuda de un tamiz pequeño para facilitar la operación), o bien con chocolate rallado.

Cassata alla siciliana

Compleja • Sicilia

Cassata a la siciliana

Para 8 o 10 personas

Para el bizcocho:
6 huevos
180 g de azúcar glas
1 cucharada de azúcar avainillada
(ver nota, p. 136)
100 g de harina
75 g de harina de maíz

Para el relleno:
300 g mezcla de frutas escarchadas
100 g de chocolate negro
800 g de requesón
200 g de azúcar glas
1 cucharada de azúcar avainillada
(ver nota, p. 136)
7 cucharadas de marrasquino
o de vino de Marsala

Tiempo de preparación: 2 horas
(más 4 horas de enfriado)

2500 kJ/600 calorías por ración
(si es para 10 personas)

1 Precaliente el horno a 180º C. Para hacer el bizcocho, separe las yemas de las claras. En un recipiente para mezclar, bata las yemas junto con los dos tipos de azúcar hasta que esté cremoso. En otro cuenco, monte las claras hasta que estén duras e incorpórelas a las yemas. Tamice la harina y la harina de maíz sobre los huevos e incorpórelas cuidadosamente. Unte de mantequilla un molde de tarta redondo de 24 cm y fórrelo con papel vegetal. Vierta la mezcla del bizcocho y alise la superficie. Métalo en el horno entre 20 y 25 minutos. Déjelo enfriar 1 hora.

2 Mientras tanto, haga el relleno. Pique la mitad de la fruta confitada. Corte el chocolate en dados. Pase el requesón por un tamiz y échelo a un cuenco. Disuelva el azúcar glas con 5 cucharadas de agua y cuézalo un momento hasta obtener almíbar. Vierta y mezcle el al-míbar en el queso. Añada el azúcar avainillado junto con 6 cucharadas del licor y mézclelo hasta que esté cremoso. Reserve 5 cucharadas de la mezcla y mezcle la fruta escarchada picada y el chocolate en el resto.

3 Corte el bizcocho por la mitad horizontalmente y rocíe cada mitad con el licor que queda. Use una mitad para forrar la base de un molde circular. Cúbralo con 2/3 de la mezcla de la crema, coloque la otra mitad encima, vierta el resto de la mezcla y alise la superficie.

4 Déjelo enfriar en el frigorífico durante 4 horas. Cúbralo con la crema de requesón reservada y decórelo con el resto de la fruta confitada.

Variante: añada a la crema 70 g de frutos secos mezclados (pistachos, nueces y piñones).

Tronco di bosco

Fácil • Valle de Aosta

Tronco de chocolate

Para 8 o 10 personas

250 g de mantequilla
50 g de almendras
70 g de azúcar glas
2 yemas de huevo
100 g de cacao en polvo sin azúcar
150 g de bizcochos de espuma
5 cucharadas de ron

Tiempo de preparación: 30 minutos
(más 4 horas de enfriado)

1900 kJ/450 calorías por ración
(si es para 10 personas)

1 Corte la mantequilla en trozos y déjela en un cuenco caliente para que se ablande. Mientras, escalde las almendras un momento en agua, pélelas y píquelas.

2 Bata la mantequilla hasta que esté cremosa, añadiendo azúcar poco a poco. En otro cuenco, bata las yemas hasta que estén espumosas, luego incorpórelas a la mantequilla.

3 Espolvoree el cacao en la mezcla de la mantequilla y remuévalo. Desmigue los bizcochos en trocitos e incorpórelos a la mezcla con la ayuda de una cuchara de madera. Añada las almendras y el ron y deje reposar 10 minutos.

4 Vierta la mezcla sobre un papel de aluminio. Con una cuchara, déle forma de tronco y luego enróllelo en el papel.

5 Enfríelo al menos 4 horas. Retire el papel de aluminio, coloque el bizcocho en una fuente de servir y córtelo en rodajas de 1 cm. Sírvalo enseguida, ya que se derrite rápidamente a temperatura ambiente. Sírvalo con café *expresso*.

Torta di zucca gialla

Fácil · Basilicata   **Tarta de calabaza**   *Para 8 o 12 personas*

1 kg de calabaza amarilla
1/2 litro de leche
100 g de almendras picadas
100 g de azúcar
3 huevos
Sal
1 1/2 cucharadita de azúcar avainillada (ver nota)
La ralladura de 1 limón
30 g de mantequilla
3 cucharadas de pan rallado
Azúcar glas (opcional)

Tiempo de preparación: 2 horas

1000 kJ/240 calorías por ración (si es para 12 personas)

1 Corte la calabaza a la mitad y utilice una cuchara para sacar las semillas y la pulpa dura y fibrosa. Corte las mitades en rodajas, luego retire la pulpa de la corteza y rállela de modo que no quede muy fina. Envuelva la calabaza rallada en un paño y exprima todo el líquido posible. Después sólo debe pesar alrededor de 300 g.

2 Coloque la calabaza en un cazo con leche, déle un hervor y cuézala luego a fuego lento durante unos 60 minutos, hasta que la mezcla se ponga cremosa. Mezcle las almendras picadas junto con el azúcar, añádalo a la calabaza cocida y déjelo enfriar.

3 Precaliente el horno a 180ºC. Casque los huevos en un cuenco con un pellizco de sal y bátalos hasta que estén espumosos. Añada el azúcar avainillado y la corteza de limón. Vierta la mezcla de los huevos en la mezcla de calabaza y remuévalo muy bien.

4 Unte de mantequilla un molde de tarta redondo de 28 cm y espolvoréelo con pan rallado. Vierta la mezcla de calabaza, extiéndala, alísela en una capa de 2 cm y métala en el horno unos 40 minutos, hasta que esté dorada. Déjala enfriar, córtela en trozos pequeños y sírvala. Si lo desea, espolvoréela con azúcar en polvo antes de servirla.

Nota: el azúcar avainillado se vende en tarros o paquetes en algunos supermercados y tiendas *delicatessen*. Si no lo encuentra, es muy fácil condimentar su propio azúcar en casa. Ponga simplemente una vaina de vainilla en un tarro lleno de azúcar, ciérrelo herméticamente y déjelo durante al menos una semana; cuanto más tiempo lo deje, más fuerte será el sabor a vainilla.

Castagne nello sciroppo

Castañas en almíbar

2 kg de castañas en lata medianas
1 naranja
1 limón
750 g de azúcar
20 cl de aguardiente sin sabor o
de vodka
20 cl de brandy
3 cucharaditas de azúcar
avainillado (ver nota)
2 ramas de canela
10 clavos

Tiempo de preparación: 1 3/4 hora
(más 4 horas de reposo)

5100 kJ/1,200 calorías por tarro
(si son 6 tarros)

1 Precaliente el horno a 250°C. Con un cuchillo afilado, haga incisiones en la parte abombada de cada castaña. Áselas en una bandeja colocada en la parte de arriba del horno unos 30 minutos.

2 Mientras tanto, lave la naranja y el limón en agua caliente y séquelos con un paño. Pélelos y corte la corteza en tiras muy finas. Mezcle el azúcar con 1 litro de agua en una cazuela, añada la corteza una vez cortada, y cuézalo todo a fuego lento durante 20 minutos. Deje que se enfríe el almíbar.

3 Vierta el aguardiente o el vodka y el brandy en el almíbar. Añada el azúcar avainillado, la canela y los clavos. Tápelo herméticamente y déjelo reposar durante 4 horas.

4 Pele las castañas, manteniéndolas enteras, y colóquelas en capas en un tarro con tapa. Mueva los tarros frecuentemente para que quepan todas las castañas que sea posible. Vierta el almíbar y la corteza hasta que cubra las castañas en los tarros. Ciérrelo herméticamente, y consérvelo en un lugar fresco. Las castañas estarán mejor transcurridos de 2 a 3 meses. Sírvalas como postre o con el café de la tarde.

Nota: hay dos tipos de castañas dulces que crecen en Italia de forma silvestre. Hay una variedad en forma de corazón que se encuentra en los bosques de los Apeninos, mientras que las redondas crecen en el Trentino-Alto Adigio. Las castañas frescas se encuentran en Italia durante el otoño.

Sugerencias de menús

La riqueza e infinita variedad de la cocina italiana ofrece una amplia gama de posibles combinaciones de menús. A muchos italianos les gusta combinar platos con sabores parecidos, como antipasto o primer plato de marisco seguido por un segundo plato de pescado. Esta selección une recetas que aparecen en el libro. Contiene una sugerencia de menús adaptada para cada ocasión, desde rápidos y sencillos para las comidas de diario a fiestas más elaboradas, apropiados para ocasiones festivas y celebraciones.

Menús rápidos

Queso mozzarella y tomates (*Mozzarella e pomodori*)	34
Pasta con sardinas e hinojo (*Pasta con le sarde*)	62
Atún con tomate (*Tonno fresco in umido*)	87
Ensalada verde, fruta fresca	—
Espaguetis a la carbonara (*Spaghetti alla carbonara*)	66
Escalopes de ternera a la romana	
(*Saltimbocca alla romana*)	96
Ensalada de escarola roja	—
Fresas marinadas en zumo de limón	—
Polenta frita (*Polenta fritta*)	71
Trucha a la sartén (*Trota in padella*)	85
Espinacas al vapor y compota de ciruelas	—
Espaguetis con salsa de atún (*Spaghetti al tonno*)	66
Pinchos de gambas con salsa de alcaparras	
(*Gamberoni allo spiedo*)	81
Ensalada mixta	—
Guindas en almíbar* con helado de vainilla	—

Menús para preparar por adelantado

Ensalada de mariscos (*Insalata di frutti di mare*)	36
Pizza cuatro estaciones (*Pizza «quattro stagioni»*)	41
Ensalada mixta y ensalada de frutas	—
Bresaola (carne de vacuno salada y seca)* con aceite	
de oliva, zumo de limón y pimienta negra	—
Tarta de pescado (*Torta di pesce*)	82
Ensalada mixta	—
Peras en almíbar (*Pere cotte*)	127
Aceitunas con cáscara de naranja	
(*Olive con buccia d'arancio*)	35
Tortellini con jamón y nata	
(*Tortellini al prosciutto e panna*)	58
Ternera fría con salsa de atún (*Vitello tonnato*)	90
Queso parmesano o pecorino* y peras	—

Menús de estación

Primavera

Farfalle con salsa de queso gorgonzola	
(*Farfalle al Gorgonzola*)	61
Escalopes de ternera empanados y fritos	
Espárragos con jamón (*Asparagi al prosciutto*)	117
Queso pecorino fresco*	—
Buñuelos de arroz (*Fritelle di riso*)	129

Verano

Arroz con calamares en su tinta	
(*Risotto nero alla fiorentina*)	50
Besugo al horno con patatas	—
(*Orata al forno con patate*)	84
Ensalada verde	—
Melocotones rellenos (*Pesche ripiene*)	126

Otoño

Ensalada de champiñones (*Insalata di funghi*)	30
Lazos de pasta con huevo en salsa de estofado	
con queso parmesano recién rallado	—
Ragú de liebre (*Lepre in umido*)	100
Surtido de quesos*	—

Invierno

Canapés calientes de higado de pollo	
(*Crostini di fegato di pollo*)	32
Sopa de col con pan y queso (*Zuppa alla valdostana*)	46
Osobuco a la milanesa (*Ossobuco alla milanese*)	92
Castañas en almíbar (*Castagne nello sciroppo*)	137

Menús de diario

Penne con salsa de guindilla (*Penne all'arrabbiata*)	62
Pollo con aceitunas (*Pollo con le olive*)	105
Pimientos con tomates y cebollas (*Peperonata*)	112
Fruta fresca	—
Minestrone con guisantes y pesto	
(*Minestrone con piselli e pesto*)	45
Pequeñas pizzas de patata (*Pizzette di patate*)	38
Ensalada verde y compota de fruta	—
Arroz a la milanesa (*Risotto alla milanese*)	52
Osobucco a la milanesa	
(*Ossobucco alla milanese*)	92
Guisantes	—
Peras rellenas con queso gorgonzola	
(*Pere ripiene con Gorgonzola*)	127
Sopa minestrone (*Minestrone di verdure*)	44
Hígado de ternera en vino blanco	
(*Fegato al vino bianco*)	95
Ensalada verde y compota de fruta	—

Menús para cenas de fiesta

Ensalada de champiñones (*Insalata di funghi*)	30
Rigatoni con salsa de nueces	
(*Rigatoni al sugo di noci*)	61
Fricasé de pollo (*Fricassea di pollo*)	105
Puré de patatas y fruta fresca	—
Berenjenas con queso (*Melanzane alla parmigiana*)	118
Chuletas de cerdo con aceitunas negras	
(*Braciole di maialealle olive*)	94
Melocotones rellenos (*Pesche ripiene*)	126
Ñoquis de patata (*Gnocchi di patate*)	68
Conejo frito (*Coniglio fritto*)	98
Alcachofas fritas (*Carciofi fritti*)	116
Queso y fruta	—
Antipasto (entrada de jamón y salami)*	—
Crepes gratinados (*Crespelle al forno*)	121
Pavo en leche (*Tacchino al latte*)	102
Queso pecorino*	—
Tomates rellenos (*Pomodori ripiene*)	110
Ñoquis de espinacas (*Gnocchi verdi*)	68
Ternera fría con salsa de atún (*Vitello tonnato*)	90
Cassata a la siciliana (*Cassata alla siciliana*)	134

Menús de festividades

Semana Santa

Solomillo crudo de ternera marinado	
(*Carpaccio del Cipriani*)	30
Pan tostado cubierto de champiñones	
(*Funghi sul crostini*)	30
Tagliatelle con salsa de carne	
(*Tagliatelle al ragú*)	57
Cordero braseado con guisantes	
(*Agnello in umido*)	98
Pintada con patatas (*Faraona con patate*)	102
Surtido de quesos*	—
Flan de vainilla (*Latteruolo*)	130
Panettone o *colomba pasquale* * (Ver glosario)	—

Navidad

Antipasto (Jamón de san Daniele, coppa y salami)*	—
Caldo de carne con *tortellini* (*Minestra en brodo*)	—
Raviolis con mantequilla rellenos de espinacas	
(*Ravioli al burro*)	55
Pichones rellenos asados (*Piccioni ripieni al forno*)	106
Puré de patatas y surtido de quesos*	—
Natillas con chocolate y bizcochos	
(*Zuppa inglese della mamma*)	132
Panforte y *panettone* * (Ver glosario)	—

Menús de carne

Polenta con trufas (*Polenta con tartufi*)	70
Codornices asadas(*Quaglie al tegame*)	107
Buñuelos de arroz (*Fritelle di riso*)	129
Lasaña verde (*Lasagne verdi al forno*)	57
Pavo en leche (*Tacchino al latte*)	102
Flan de vainilla (*Latteruolo*)	130
Polenta con salsa de carne	
(*Polenta al piatto con ragù*)	70
Hígado de ternera a la veneciana	
(*Fegato alla veneziana*)	95
Puré de patatas	—
Tiramisú (*Tiramisù*)	133

Menús de pescado

Arroz con marisco (*Risotto ai fruti di mare*)	51
Calamares rellenos (*Calamari ripieni*)	76
Peras en almíbar (*Pere cotte*)	127
Mejillones gratinados	
(*Cozze gratinate alla tarantina*)	78
Guiso de diferentes pescados	
(*Cacciucco alla viareggina*)	75
Buñuelos de albaricoque (*Bigné di albicocche*)	130
Tortellini con salsa de verduras y gambas	
(*Tortellini mare-orto*)	58
Salmonetes en salsa de tomate picante	
(*Triglie alla livornese*)	76
Ensalada de jaramago	—
Frutas del bosque con mascarpone*	—

Menús vegetarianos

Sopa de patata y zanahoria	
(*Minestra di patate e carote*)	46
Crepes rellenos de espinacas	
(*Crespelle magre di spinaci*)	121
Tarta de calabaza (*Torta di zucca gialla*)	136
Mozzarella al horno (*Mozzarella al forno*)	34
Linguini con pesto (*Linguini al pesto genovese*)	64
Tortilla de patata y calabacín	
(*Frittana di patate e zucchini*)	121
Buñuelos de albaricoque (*Bigné di albicocche*)	130

Nota: *Las recetas de platos sencillos como la ensalada verde o la compota de fruta, no se incluyen en este libro. Los artículos con asterisco (*) se pueden conseguir en supermercados, tiendas de delicatessen o en pastelerías.*

Glosario

Este glosario tiene el propósito de servir de guía para los términos culinarios menos conocidos, incluyendo palabras y expresiones que se encuentran en los menús italianos.

Abbacchio: cordero lechal, es decir, que ha sido alimentado únicamente con leche.

Aceto balsamico: vinagre balsámico. Suave pero muy aromático, este vinagre con base de vino, hecho en el Norte de Italia, se deja madurar tradicionalmente entre 6 y 10 años en barricas de madera.

Affogato: cocido al vapor o escalfado.

Affumicato: ahumado o curado.

Aglio: ajo.

Agnello: cordero que ha sido destetado.

Al dente: literalmente quiere decir «al diente». Es la consistencia ideal para la pasta cocida, la verdura y el arroz: tierno pero aún firme al morderlo.

Alquermes: licor de hierbas hecho a base de canela y condimentado con clavo, cilantro y nuez moscada.

Alla cacciatora: «a la cazadora»; carne o pescado cocido en una salsa que normalmente lleva tomates, cebolletas, champiñones, hojas de laurel y vino.

Alla Fiorentina: «al estilo florentino»; generalmente quiere decir que el plato lleva espinacas.

Alla Marinara: «al estilo marinero»; es una salsa que lleva tomate, ajo, aceite y orégano.

Alla Pizzaiola: con una salsa de tomates, ajo, orégano y pimienta negra.

Amarene: cerezas pequeñas y agrias, como el morello, la mejor variedad para cocinar.

Amaretti: pastas de té pequeñas y crujientes, hechas de almendras dulces y amargas.

Amaretto: licor de almendras frecuentemente utilizado en postres.

Amaro: licor digestivo de sabor amargo, como el Fernet Branca.

Arborio: variedad de arroz italiano de grano redondo con gran cantidad de almidón, especialmente bueno para los *risotti*.

Arrosto: asado de carne.

Baccalà: bacalao

Bel paese: queso suave de leche de vaca con textura cremosa semi-blanda.

Biscottini: palitos de bizcocho secos de almendra.

Bistecca: bistec de vacuno o ternera.

Bollito: hervido; carne cocida.

Bresaola: carne salada secada al aire, generalmente laminada tan fina como el papel.

Brodetto: sopa espesa de pescado hecha de distintas maneras a lo largo de la costa del Adriático.

Burrata: queso de leche de búfala con mucha grasa.

Cacciucco: sopa o guiso que lleva una variada mezcla de pescados y mariscos; se puede encontrar a lo largo de las costas de Liguria y Toscana.

Caciocavallo: queso de leche de vaca en forma de pera. Blando cuando está fresco, más maduro se utiliza para gratinar.

Cannoli: pequeños rollitos de masa rellenos de requesón o de un queso cremoso y, frecuentemente, de chocolate, pistachos y frutas escarchadas.

Capocollo: solomillo o espalda de cerdo, adobado en vino, secado al aire y ahumado.

Coppa: cuello de cerdo en adobo y secado al aire, que contiene la misma cantidad de magro que de grasa.

Cotechino: salchichas de cerdo muy condimentadas.

Cozze: mejillones.

Crostino: pan frito cortado en dados o pequeñas tostadas, frecuentemente servidas cubiertas con diferentes ingredientes como aperitivos.

Derretir: refinar, o derretir la grasa de la carne o las aves. Para la cocina se utiliza especialmente la grasa derretida de cerdo y de ganso.

Escaldar: meter frutas o verduras en agua hirvindo durante un momento; ayuda a pelar las frutas o las verduras, a eliminar los sabores fuertes y ablanda la verdura antes de ser cocinada.

Farcito: relleno.

Finocchiona: salchicha parecida a la mortadela, con un fuerte sabor a hinojo.

Fontina: queso semi-duro parecido al gruyère, bueno para gratinar y para hornear.

Forno, al forno: al horno.

Frittata: tortilla con hierbas, patatas u otras verduras.

Fritto misto: mezcla de pescados y mariscos, carnes o verduras rebozadas y fritas.

Frutti di mare: literalmente «frutos del mar». Suele ser una mezcla de mariscos.

Gelato: helado.

Gnocchi: pequeña masa cocida hecha con patata o semolina; a veces se le añaden espinacas.

Grana: término genérico para el queso duro, quebradizo, de textura granulada, como el queso parmesano.

Granita: hielo condimentado.

Grappa: licor con alto grado alcohólico destilado de los residuos que quedan tras prensar las uvas (orujo).

Grissini: palitos de pan finos y crujientes.

Guindillas: picantes o suaves, rojas, amarillas o verdes, pertenecen a la familia de los pimientos y se utilizan frescas o secas. Contienen aceites volátiles que pueden irritar la piel y los ojos, y deben ser manipuladas con cuidado. Lávese las manos inmediatamente después de su utilización.

In umido: braseado en salsa de tomate y verduras finamente picadas.

Lampascioni: cebollas algo amargas que se conservan en vinagre.

Maraschino: licor hecho con cerezas de marrasquino.

Marinato: marinado, en adobo.

Mascaspone: un rico queso cremoso que se utiliza en postres y en algunas salsas.

Mille foglie: hojaldre («mil hojas»).

Minestra: sopa ligera de verduras y pasta.

Mortadella: salchicha grande, especialidad de Bolonia, de carne de cerdo, dados de tocino, pistachos, granos de pimienta y ajo.

Mostarda: fruta escarchada conservada en almíbar de mostaza.

Mozzarella: queso suave, blando y blanco; originalmente hecho con leche de búfala, hoy en día también se hace con leche de vaca. Se utiliza principalmente en las pizzas y en las ensaladas.

Pan di Spagna: es un tipo de bizcocho que se utiliza en los postres como en la *cassata alla siciliana* o en la *zuppa inglese*.

Panettone: bizcocho ligero, con levadura, que lleva frutas escarchadas y pasas sultanas. Hay un tipo que únicamente se vende durante Semana Santa, la *colomba pasquale*, con forma de paloma.

Panforte: bizcocho sienés que lleva especias, almendras y frutas escarchadas.

Panna: nata.

Parmigiano reggiano: parmesano; queso amarillo duro que se madura al menos un año. Es ideal para gratinar, pero también se come en la mesa cuando es joven.

Pasta: es el alimento básico de la comida italiana. Se hace con harina, huevos y mantequilla, o con sémola y aceite. Hay numerosas variedades y formas largas y cortas: por ejemplo, los *capeletti* (en forma de sombrero), los *ditalini* (pequeños dedales), las *farfalle* (mariposas), las *conchiglie* (conchas), las *trenette* (ondas de tiras lisas) y los *agnolotti* o *tortellini* rellenos. Los nombres de la pasta, así como sus formas, pueden variar de región a región.

Pecorino: término aplicado a un cierto número de quesos de oveja duros y amarillos, parecidos al parmesano pero más fuertes de sabor.

Peperoncini: pimientos rojos picantes, secos o frescos.

Pesto: pasta hecha de albahaca fresca, piñones, aceite de oliva, ajo y queso parmesano que se sirve en sopas o con la pasta.

Piadini: piezas de pan horneadas en losas de barro redondas y lisas.

Pinzimonio: salsa de verduras hecha con vinagre, aceite de oliva, pimienta y sal.

Polenta: es el alimento básico del Norte de Italia, hecho con harina de maíz. Se sirve solo o mezclado con otros ingredientes y se puede hornear o freír.

Prosciutto crudo: jamón crudo sin ahumar.

Provola: queso blando parecido al mozzarella.

Provolone: queso duro de color crema, cuyo sabor puede ir de suave a picante, dependiendo del grado de madurez.

Radicchio rosso: escarola roja de sabor ligeramente amargo, utilizado en las ensaladas de invierno y para cocinar.

Ragù: salsa de carne

Ricotta: queso blanco suave hecho de leche de vaca o de oveja. Su suave y delicado sabor es ideal para platos salados y postres. Es similar al requesón.

Robiola: queso pequeño y rectangular de corteza rojiza, hecho de leche de vaca o de oveja; es mejor comerlo fresco. Es parecido al tallegio.

Rociar: verter o mojar, con la ayuda de una cuchara, aceite, grasa o líquido sobre la comida para evitar que se seque durante la cocción.

Rucola: jaramago.

Salamini: pequeñas salchichas de cerdo, frecuentemente condimentadas con peperoncini.

Salsiccia: salchicha de cerdo fresca.

Scarmorza: queso suave de leche de vaca, fresco o ahumado.

Soppressata: salchicha de cerdo magra y muy condimentada.

Spiedino: asado en asador o en brocheta.

Spumante: término genérico para los vino espumosos, como el Asti Spumante o el Lambrusco.

Tallegio: queso cuadrado de olor fuerte.

Tartuffi: trufas.

Toma: queso de leche de vaca de olor muy fuerte hecho en bloques.

Vermú: aperitivo de hierbas y especias.

Vialone: variedad de arroz italiano de grano redondo, ideal para hacer *risotto*.

Zampone: salchicha de cerdo condimentada, metida en la piel de los pies de cerdo.

Zuppa: sopa espesa; pero **Zuppa inglese** es un postre de bizcocho borracho.

Índice de recetas

Título original:
Küchen der Welt: Italien
Traductor:
Natalia Muñoz

© 1993 Gräfe und Unzer verlag GmbH, München y
EDITORIAL EVEREST, S. A.
Carretera León-La Coruña km 5 - LEÓN
ISBN: 84-241-2180-5
Depósito Legal: LE: 372-1996
Printed in Spain - Impreso en España

EDITORIAL EVERGRÁFICAS, S. L.
Carretera León-La Coruña km 5
LEÓN (ESPAÑA)

Los autores

Miranda Alberti, la autora, nació en Ferrara y creció con la cocina tradicional italiana. Graduada en filosofía, es una cocinera apasionada y muchos de los platos de este libro son recetas de su propia familia transmitidas oralmente de generación en generación.

Michael Brauner, graduado por la Escuela de Fotografía de Berlín, hizo las fotografías de la comida para este libro. Ha trabajado como ayudante de diferentes fotógrafos franceses y alemanes, especializándose en la fotografía de comida durante 5 años antes de independizarse en 1984. En la actualidad divide su tiempo entre sus estudios de fotógrafo de Múnich, Karlsruhe y Gordes, en la Provenza francesa.

Kathrin Gaus estudió diseño gráfico en su ciudad natal, Braunschweig, y más tarde se mudó a Múnich. Pero la inspiración de sus alegres ilustraciones viene de su amor por viajar y una afinidad especial con el sur de Francia e Italia. Es la autora de las ilustraciones en color de este libro.

Fotografías

Todas las fotografías fueron hechas por «Fotografías de Comida Michael Brauner», a menos que se especifique a continuación:
Págs: 4 (judías verdes y flores de calabacín, Mercado italiano): Erika Casparek-Türkkan, Bernried. 4-5: arriba (hombre subido en un burro, Apulia) y abajo a la derecha (barcos, Cinque Terre), Martin Thomas, Aachen-Alt Lemiers; en el medio (bar en Lucca), Klaus D. Neumann, Múnich. 8-9 (Venecia): Harald Mante, Dortmund. 10: Daniele Messina, Mannheim. 11: arriba, ai aigner impuls, Gottfried Aigner, Múnich; abajo, Martin Thomas, Aachen-Alt Lemiers. 18-19: K. Wagenhäuser/jd Bildagentur, Múnich. 19-20, 21: Martin Thomas, Aachen-Alt Lemiers. 22: arriba, Real bild Klaus D. Neumann, Múnich; abajo, Martin Thomas, Aachen-Alt Lemiers: Martin Thomas, Aachen-Alt Lemiers 23, 24: Martin Thomas, Aachen-Alt Lemiers, 25, 29:real bild Klaus D. Neumann, Múnich. 52: Herbert Hartmann, Múnich. 59, 65: Fotostudio Teubner, Füssen. 78: martin Thomas, Aachen- Alt Lemiers. 90, 97: Fotostudio Teubner, Füssen. 78: Martin Thomas, Aachen-Alt Lemiers. 90-97: Fotostudio Teubner, Füssen. 100: Hermann Rademacker, Múnich. 111: Erika Casparek-Türkkan, Bernried.